FBI 教你超级藏心术(图解版)

博锋　编著

光明日报出版社

图书在版编目（CIP）数据

FBI 教你超级藏心术：图解版 / 博锋编著. —北京：光明日报出版社, 2012.6

ISBN 978-7-5112-2550-4

Ⅰ.①F… Ⅱ.①博… Ⅲ.①心理交往—通俗读物 Ⅳ.①C912.1-49

中国版本图书馆 CIP 数据核字（2012）第 098274 号

FBI 教你超级藏心术：图解版

著　　者：博　锋

出 版 人：朱　庆　　终 审 人：孙献涛

责任编辑：庄　宁　　责任校对：张　翀

封面设计：刘之君　　责任印制：曹　诤

出版发行：光明日报出版社

地　　址：北京市东城区珠市口东大街 5 号，100062

电　　话：010-67078247（咨询），67078270（发行），67078235（邮购）

传　　真：010-67078227，67078255

网　　址：http://book.gmw.cn

E - mail：gmcbs@gmw.cn　zhuangning@gmw.cn

法律顾问：北京市洪范广住律师事务所徐波律师

印　　刷：北京佳明伟业印务有限公司

装　　订：北京佳明伟业印务有限公司

本书如有破损、缺页、装订错误，请与本社联系调换

开　　本：710×1010　1/16

字　　数：207 千字　　印　　张：15.5

版　　次：2012 年 6 月第 1 版　　印　　次：2012 年 6 月第 1 次印刷

书　　号：ISBN 978-7-5112-2550-4

定　　价：29.80 元

前　言

本书是一本教人“藏心”的“教科书”，旨在教会大家如何隐藏自己的思维、情绪、弱点……

我们之所以要“藏心”，不是因为我们不够坦荡，而是因为这世界有时候需要我们“隐蔽”起来，伺机而动。你若想成就大事，就必须先学会藏心，就像《三国演义》里的刘备一样“喜怒不形于色”。

可是，在现实生活中，有太多人并不能很好的“隐藏”自己，他们的心思会被他人轻易看穿，意图有时也经常被人识破。这些不会“藏心”的人，总是太容易把自己暴露在别人的眼里，造成敌暗我明的形势，因而更容易被别人牵着鼻子走，将自己陷于不利的境地。

而另外一些人，则善于察言观色，经常能根据别人的一个小动作就洞悉他人的内心。这些人总是对他人的内心世界了如指掌，因而能够处处占尽先机。

其实，能够看穿你的内心，并不是他们最可怕的地方，更恐怖的是，因为他们知道一个人的心机是如何被看穿的，所以他们更懂得隐藏自己的内心。如此一来，别人在他们面前便没有秘密，也永远无法知道他们接下来会有怎样的反应。和这样的人为敌，便如同自己赤裸裸地站在毫无掩护的荒原中，而你的对手则潜藏在无边的黑暗里，你还想有胜算？

毫无疑问，FBI的特工们，就属于能够看穿别人内心的可怕角色。

对于 FBI 特工来讲，读心就是他们的职业，而他们最可怕的地方就在于藏心。在他们打入敌人内部进行潜伏工作的时候，在他们面对试探和盘问的时候，藏心就成了他们能否完成任务的关键因素。

在大多数时候，我们需要像 FBI 特工一样，隐藏自己的真实想法，让自己成为一个有“城府”的人。若你也有类似的愿望，那么恭喜你，本书就是一本以 FBI 真实案例为蓝本、对“藏心术”展开深入探讨的“秘籍”。当你开始阅读本书时，就已经走上了“藏心”之路。

目　录

第三章　镇定！——藏住想要逃离的心理

太多时候，我们显得不太镇定。而慌乱无措的行为，想要逃离危险的心态，则是暴露我们内心的罪魁祸首。我们想要藏心，就必须让自己变得镇定一些。

想要让自己变得镇定，变得更有城府，是一件不容易的事情，这需要调动我们太多的精力，所以，我们需要有步骤、有计划地改变自己。在本章，会给大家指出一条明路，让大家知道："我可以通过这样的办法，来让自己变得更镇静。"

第四章　这是我的！——避开对事物的占有反应

我们都有占有欲，我们都想占有更多的资源。但是，过度的占有，却往往让我们乱了方寸，丢掉了淡定，也更容易暴露自己的负面情绪。因此，我们若要藏心，就需要克制自己的占有反应。

在本章，我们将引入一个新的词语"领地感"。所谓领地感，就是一种占有反应的表达方式。通过对领地感的叙述，我们将对自己的一系列行为有更深的理解，也能从根本上了解自己，更善于藏心。

第五章　不屈服！——怎样掩饰服从反应

我们都曾有英雄的梦想，但是，最终命运让我们做了一个平凡人。因此，我们渐渐学会了服从。而现在，我们将告诉大家一个真理——你有权利做出自己的选择。

因为我们太过服从，所以别人能轻易了解我们下一步要做什么。因为我们太过服从，所以我们暴露了自己的内心。因此，我们将在接下来的文章里告诉大家，如何做一个自主自立自动的人。

第六章　别怕！——藏住心中的惊恐反应

恐惧症的危害已经影响到了人的正常社交活动。随着人们生活、工作的压力越来越大，患恐惧症的人也越来越多。对于恐惧症，一定要引起足够的重视，即便恐惧还没有发展到病态的地步，它也会给我们造成负面的影响。所以，我们有必要藏住自己内心的恐惧。

在本章，我们将给大家具体讲一讲人的惊恐反应，以及惊恐反应的隐藏和控制。

第七章　要矜持！——避开呼之欲出的喜爱之情

时下所讲的矜持的意义是什么？是理性对表情和身体语言的掌控。

我们要区别矜持与拘谨，二者内容相似，级别高下立见。打个比方，矜持是熟练技师，拘谨是新工学徒。矜持是鱼儿饮水，冷暖自知；拘谨是首次烧香，一步一鬼。

矜持来源于对自己身份的敏感把握。若是把握不定，矜持作为一种情态，经常与犹豫、猜忌、狐疑以及自信心缺乏等非常心理胶着在一起。因为对自己身份的警觉，唯恐不能应付自如的时候，理智便要出任策划与导演，矜持便会粉墨登场，领衔主演。举手投足之间，理智总要指导干预，以免演技拙劣、动作走形，被人家看出破绽，从而丢人现眼。

第八章　不烦躁！——藏住成败带来的得失反应

你烦躁不安，有无法克制的冲动，这一切都会被别人尽收眼底，成为你的一个弱点。所以，你应该克制自己的烦躁，让自己变得更有城府一些。

在本章的内容里，我们将让大家逐渐变得平静淡定，走上自己的修心之路。

第九章 不生气！——抛开你的愤怒反应

哲学家说：生气就是用别人的错误惩罚自己。仔细想想，这句话真是真理！我们之所以会生气，大部分是因为别人对自己犯下了错误。而生气除了能让自己不愉快，又能改变什么呢？这难道不是用别人的错误惩罚自己吗？我们与其为别人的错误而生气，真不如自己努努力，给自己争口气来得实在！

第一章
找一找，你的破绽来自哪里

藏心术的关键，就在于隐藏那些暴露我们情绪和内心的种种破绽。所以，若想藏心，我们就需要找到自己的破绽，然后想办法将这些破绽都隐藏起来。

说到藏心的破绽，包括了我们生活中的方方面面：动作、表情、言语，都可能充满破绽。在本章中，我们将把这些破绽一一找出来。然后再教给大家一些方法，来掩饰自己的破绽。

大脑功能

首先我们开始关于藏心的第一个话题：你的破绽在哪儿?

谁也无法直观地看到我们的内心，但是，我们的肢体语言、面部表情等等因素，却经常会出卖自己。

1999 年 12 月，FBI 截获了一名被称作“千年轰炸者”的恐怖分子的信息。

事实上，FBI 并没有获得关于这名恐怖分子来到美国的任何消息。在例行入境检查时，FBI 特工发现一个叫阿默德的人神色紧张且汗流不止。多年的办案经验告诉特工：这个人内心充满了恐惧，他一定有不可告人的秘密。所以特工勒令他下车接受进一步询问。那一刻，阿默德下意识地做出了逃跑的架势，但是很快被制伏。

后来，特工在他的车子里搜出了爆炸品和定时装置。在铁一般的证据面前，阿默德承认了自己的犯罪行为。

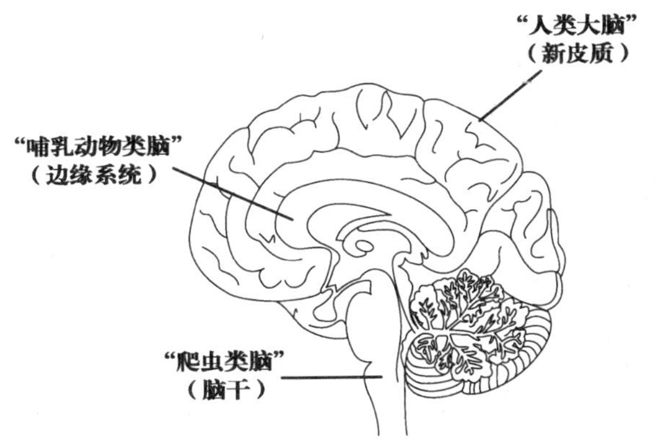

保罗·麦克林认为，人类大脑由“爬虫类脑”（脑干）、“哺乳动物类脑”（边缘系统）和“人类大脑”（新皮质）组成。

流汗以及紧张的神色，是身体在面对外界压力时产生的条件反射。由于这种边缘行为是最为真实的，所以特工才敢毫无顾虑地逮捕阿默德。这件事说明，一个人的心理状态会反映在身体语言上。而无论是肢体语言还是面部表情，都是由大脑控制的。所以，我们有必要先从脑功能这个角度去探讨一下“如何藏心”这个话题。

在一般人眼中，大脑是一个整体。但事实上，我们的大脑是由 3 个不同的区域组合而成的。1952 年，一个名叫保罗·麦克林的科学先驱提出，人类大脑是由“爬虫类脑”（脑干）、“哺乳动物类脑”（边缘系统）和“人类大脑”（新皮质）组成的三位一体。这 3 个不同的大脑区域各有着不同的职责，它们合起来就形成了“命令加控制中枢”，后者驾驭着我们身体的一切。

其中，“哺乳动物类脑”，也就是我们所说的边缘系统，是人的“情感中心”，还控制着我们的行为动作（不包括语言）。更重要的是，“哺乳动物类脑”对我们周围世界的反应是条件式的，不加考虑的。它对来自环境中的信息所作出的反应也是最直接、最真实的。也就是说，那些在我们不经意的条件下，所做出的肢体和面部表情，主要是由这个边缘系统控制的。在前面的案例中，那个恐怖分子所出现的流汗、下意识的逃跑等生理反应，就是由这个边缘系统所操控的。所以说，“哺乳动物类脑”是一个“诚实”的大脑。

“哺乳动物类脑”不仅“诚实”，更是一个标准的“劳模”。它从不休息，只要人还活着，它就一直处于“开机”状态。

与诚实的“哺乳动物类脑”相比，大脑的第三部分“人类大脑”，也就是新皮质，则显得狡诈得多。这个大脑负责高级认知和记忆，具有思考的能力。许多科学家也说：这个人类大脑也是最善于说谎和欺骗的。总之，人类文明的一切，都是由这个大脑所创造的，当然，也包括谎言和欺骗。

由此可见，一味的诚实、不加掩饰，是一种“动物性”的体现，因为只有动物才永远坦白自己的内心，毫不掩饰。而在人性的智慧中，谎言和欺骗是一直存在的。之所以这么说，不是因为我们要赞颂谎言，我们只是想陈述一个事实——说谎是需要智慧的。而说谎本身其实就是隐藏自己内心的手段之一，虽然我们并不准备将这种手段归纳到这本书中，但是我们要知道一件事：所谓藏心，就是尽量的抛弃自己条件反射式的“动物性”，转而去开发人的智慧思维。

也许有人会说，既然人的行为是由大脑控制的，而大脑结构又是天生的，所以我天生就心直口快，永远别想学会隐藏自己的内心了。这种说法是错误的。科学家发现，那些善于隐藏自己的人，大脑前额皮层拥有更丰富的白质。白质是一种白色的神经组织，当一个人在运用理智隐藏自己内心想法的时候，这些组织非常活跃。

美国南加利福尼亚大学的心理学家艾德里安·莱恩说：“那些善于隐藏自己的人，由于经常进行推敲和算计，所以他们的脑结构发生了变化，与常人不同。”由此可见，我们确实可以通过训练来加强自己的藏心能力。

刺激与身体反应

上一节，我们讲述了当一个人想掩饰自己内心时，大脑所发挥的作用。不管怎么说，大脑的反应都不会被其他人看见，真正出卖我们的是在大脑刺激下的身体反应。所以在本节，我们将着重讲一讲在我们想掩饰自己内心的时候，身体会有什么具体的反应。

当我们产生掩饰心理时，我们的表情会在身体的刺激之下，发生一系列的变化。比如：脸会发红，或者是脸色苍白惨淡，这都是不善掩饰的人，在试图骗过别人时所产生的生理反应。

一个人若是处在试图掩饰自己真实感情的状态中，那么他所表现出来的情感必然是虚假的。有很多人能将这种虚假的情感表现得惟妙惟肖，可是对于大部分人来讲，则无法将虚假的感情表现得更真实一些。这是因为，他们往往过于注重肢体语言的“表演”，忽视了面部表情的“刻画”。

FBI审讯室里带进来3个犯罪嫌疑人。

3个人都显得非常不安，这时，FBI特工严肃地说：“害怕了吗？看着我。”3个人都抬起了头。

“你们3人中，只有一个是真正的罪犯。现在，我们已经掌握了足够的证据来找出这个人，因为犯罪现场留下了犯罪嫌疑人的血液。通过血液分析，我们得知罪犯患有严重的传染病。如果不想耽误自己的病情，请自己马上站出来。”

其实，这3人并不都是犯罪嫌疑人，坐在中间的那个是FBI的卧底。这个卧底的手上还故意留了一些血迹，当他的同事说完那番话之后，他故意让其他两人看见了自己手上的血迹。

果然，在看到这些血迹之后，其他两名犯罪嫌疑人都做出了躲避的动作。有一个人眼中流露出了恐惧的神色。另外一人虽然同样在躲闪，但是第一时间的面部表情却显得镇静得多。随后，他虽然极力装出害怕的样子，且吃惊的表情在他的脸上停留了很长时间。

结果，FBI将第二名犯罪嫌疑人带走单独审问。果不其然，他就是那个罪犯。

FBI之所以能够确定第二名犯罪嫌疑人是真正的凶手，就是因为他的表情出卖了他。如果他不是真凶，那么当得知自己身边坐的是个传染病人时，一定会感到惊恐。可是真正的凶手却不会感到恐惧，因为他知道——那个有传染病的人正是自己。

当他意识到这是一个圈套，又极力想要表现出恐惧的样子时，他这样做简直是弄巧成拙，因为真正吃惊的表情是转瞬即逝的，任何超过一秒钟的惊讶表情，都可以被视作是伪装！所以，FBI 特工可以确定，他心里有鬼！

这个案例告诉我们一件事情，那些想要掩饰自己的人，往往不能在第一时间做出“正确”的表情。而那些真正的伪装高手，则往往能够做到随心所欲地控制自己的面部表情。至于他们为什么会有这种能力，我们将在以后的章节中详细说明，并且教会大家如何成为一个生活中的“影帝”。

接下来，我们讲述一下在刺激下的第二种身体反应——肢体动作。

我们回想一下，自己是不是会有一些习惯性的动作？比如说抖腿、摸鼻子等等。如果你认为这仅仅是习惯性的动作，那就大错特错。因为这种看似漫不经心的小动作，也是大脑刺激的结果。

摸鼻子等看似漫不经心的小动作，也是大脑刺激的结果。

那么，在希望掩饰自己的时候，大脑会给身体什么刺激呢？美国芝加哥嗅觉与味觉治疗与研究基金会的科学家发现，当一个人想掩饰自己的情绪或是某种真相的时候，一种名为儿茶酚胺的化学物质就会被释放出来，引起鼻腔内部的细胞肿胀，同时，血压会上升。血压增强导致鼻子膨胀，从而引发鼻腔的神经末梢传送出刺痒的感觉，于是人们只能频繁地用手摩擦鼻子以舒缓发痒的症状。

当年，美国总统比尔·克林顿陷入了“莱温斯基性丑闻事件”。当向陪审团陈述证词时，参与调查的FBI特工就发现，克林顿触摸鼻子的总数达到26次之多，而这正是说谎的表现。结果证明，克林顿确实说谎了。

这就是说，你的每一个小动作，其实都不是“空穴来风”。在通常情况下，大脑不会指挥你的身体做一些无意义的事情。在你试图掩饰自己的时候，大脑同样刺激你的身体，让你做出一些小动作。所以，你若想真正掩饰自己，就必须学会克制自己的某些下意识的动作。

一般情况下，一个人在想掩饰自己的时候，还有以下几种情况：

（1）假笑。

人在掩饰自己的时候，往往会假笑。在金庸小说《鹿鼎记》中，主人公韦小宝就深谙此道。在他遇到危险不知如何应对时，往往会先哈哈大笑一番，让人搞不明白他为何发笑，从而使他糊弄过去。如果碰到一个真正的识人，恐怕韦小宝这一招就靠不住了。

事实上，大部分人在掩饰自己的时候，都会像韦小宝一样，有假笑的倾向，虽然并不像韦小宝那么夸张，但即便是一闪而过的一个假笑，也会成为破绽。

（2）语言异常。

由于担心自己的掩饰心理被人看穿，所以大部分想要掩饰自己的人，常常会转移话题。有的人还会突然提高音调，加快语速。

（3）口干。

想要掩饰自己的人，常常会不停吞口水及舔嘴唇。

这3种反应，都是大脑刺激身体的结果。在本节，我们讲述了想掩饰自己情绪时，大脑刺激身体所做出的反应。目的就是想让大家明白，你如果想真正藏心，仅仅靠逻辑严密、合情合理的话语，是远远不够的，你还需要注意自己的表情和动作。只有这样，才能算是真正的藏心高手。至于在具体实践中如何做到这一点，希望大家能耐心地读下去，我们会给出最后的解答。

关于你的情绪

关于藏心的要点和难点，恐怕就是如何隐藏自己的情绪了。如果我们不想让自己的某个想法被别人知道，那很简单，我们忍住不说就行了。但是，如果我们想掩饰自己的情绪呢？事情恐怕就没那么简单了。因为情绪有几个特点：

（1）自发性。

自发性是说，情绪像是一种冲动，不经过思考，瞬间发生。就好像我们身体里已经准备好了各种各样的情绪，在受到外界刺激的时候，相应的情绪就从我们体内释放出来。

（2）不可控性。

有些人在极度悲伤时虽然极力克制自己的眼泪，但是泪水却可能“不争气”地脱眶而出。

不可控性是说，在很多时候，对于大部分人来讲，情绪是不被理智所控制的。比如说，在极度悲伤时，你虽然极力克制自己的眼泪，但是泪水却可能“不争气”地脱眶而出。

在这一点上，人和人有极大的差别，有些人能够在非常激动的时候也保持冷静的外表，有些人则把情绪全部放到了脸上。虽然他们的内心活动同样激烈，但明显是第一种人更善于隐藏自己，本书就是想教会大家如何成为第一种人。

（3）无意识性。

所谓无意识性，是说有些情绪不受意志的支配。比如说，在某个很严肃的场合，你突然想到了一个非常好笑的笑话，这时你的喜悦之情会油然而生。虽然你意识到这个场合不适合放声大笑，但是你最多也只能忍住笑声，却没有办法让自己的情绪在瞬间归于平淡。

由于情绪有以上 3 个特点，所以在通常情况下，情绪是很难被掩藏的。

情绪之所以难以克制，是因为它是人类在数亿年的进化中，产生的一种“本能”。每一种情绪，都是人类追求生存空间时的一种“武器”。例如说：

（1）感动是对那些可能使自己更为强壮的力量的强化；

（2）悲伤是想唤起他人的怜悯与同情，从而获得安慰与帮助；

（3）痛苦是为了剔除那些不利于自己的因素，从而达到强化自己的目的；

（4）愤怒是对愤怒的对象发动攻击，保护自己利益的前兆；

（5）恐惧则代表自卫，自我保护；

（6）厌恶代表拒绝，避开那些不利自己的因素；

（7）惊讶是通过静止来减少被伤害的可能；

（8）愉悦是接纳那些令自我感到愉悦的因素。

这些情绪代表着人不同的状态。在人类最初的阶段，一切行为几乎都要受到情绪的影响。但是，随着人类文明的不断推进，人的社会属性越来越突出，这时，我们就不能再像原始人一样，一切行为都被情绪所支配了。比如说，有些时候，我们要学会克制自己的愤怒；而在某些场合，即便我们有厌恶心理，也不能轻易表达出来等等。

在现代社会中，那些被情绪左右行为的人，会被人们看作是“情绪化”的人，会被视作是不成熟，或是心理有问题。但是话又说回来，即便我们能不被情绪左右我们的行为，可是却无法完全消除带给我们的一些影响，比如说细微的肢体语言和面部表情。这些“小动作”就是所谓的情绪的表达，是人类在进化中所遗留下的一些固有的反应，很难彻底被掩饰。

但是这并不意味着我们就完全无法克制自己情绪的表达。通过对现实生活的观察，我们就可以发现，有很多人似乎完全摆脱了情绪的定律，能够很好地隐藏自己的情绪。

66 岁的美国男子威廉·希莱尔，因为被控有欺诈罪，被处以监禁。

一个人因诈骗罪被捕，本来是常见的新闻，不足为奇。但是由于这个人诈骗的对象太过不同寻常——他骗的是 FBI，所以这个新闻引起了轩然大波。

希莱尔先是精心编造了一个曲折的故事：多年前，他的女儿在泰国曼谷旅游时，被黑帮团伙绑架，从此沦为性奴。作为特种兵的精英队员，希莱尔知道女儿被劫持的消息后，立马前去营救，但是最终失败。最后，希莱尔还说：我的遭遇后来被拍成电影《飓风营救》，而我，正是这部电影主人公的原型。

这样一个英雄人物，自然受到了各方的追捧，很多机构都请他去作报告。这些机构中，就包括 FBI。

FBI 特工一辈子都在与谎言打交道，但是这一次，他们却没有识破希莱尔的假话。在希莱尔讲到女儿被恐怖分子虐待细节的时候，表现得非常悲痛，虽然这种悲痛是伪装的，他的一切情绪都是伪装的，但是

FBI 却未能识破。

事实上，希莱尔并不是什么特种兵，他只是一个普通人。而 FBI，就被这样一个善于伪装情绪的人，给骗得团团转。

希莱尔骗过 FBI 的这个案例，证明了一件事情——人的情绪虽然很难被控制，但是有些人，或者是通过某些方法，确实是可以隐藏自己真实情感的。

那些隐藏情绪的高手，他们并不是没有情绪，而是不会让自己的情绪轻易地表现出来。这些人如果能够把自己的这种能力运用到正确的事情上面，往往会取得很好的效果。（如果把这种手段用到骗人上，就如同布莱尔一样，则是适得其反了。）

例如，在公交车上，一个人踩了你的脚，却好像没他啥事儿一样。这种事情不管放到谁身上，肯定都会产生不满的情绪。但是具体表现出来，却不一样：有些人是直接表达自己的不满，大声的叫嚷，斥责对方；而有些人则显得和气得多，暗示对方：你应该向我道歉。

从情绪的表达上来讲，第一种人的表现，是情绪的“正常表达”——在产生不满情绪之后发怒。而第二种人则将自己的不满情绪“隐藏”了起来，这种人就属于那种藏心的高手。我们可以想象，这类人在生活中也更加讨人喜欢。

本节所有的内容，都只是想告诉大家，关于情绪的一些基本原理。情绪是我们藏心的难点，也是重点，所以我们很有必要明白这一点。

自我控制

之前，我们曾多次提到一个词——掩饰。是的，藏心的关键就在于更好地掩饰自己的本能和情绪。或许，我们这样的表述，会让大家认为：藏心的本质就是“弄虚作假”，就是“深藏不露”。事实上，我们所说的藏心，还包括另一个重要的方面——自我克制，即克制自己的多余欲望，这是一种道德层面的提升。

前面的文章中，我们在介绍到人的某些反应时，经常提到：这是一种本能的反应。似乎是说：这些反应是不可控制的。对于这个问题，我们之前曾经用过这样一个词，叫做很难控制。也就是说，人类的基本反应，是可以控制的，但不是每一个人都能控制的。

那些善于自我控制的人，也更善于藏心。而那些不善于控制自己本能的人，则会更多地表现出非理性的一面，他们更容易被各种诱惑所牵引，做出一些出格的事情。

1982 年 8 月的一天，FBI 接手了一件杀人案。在这个案件中，一个号称“绿河杀手”的罪犯，连续杀害了多名女性。

随着调查的深入，FBI 逐渐掌握了凶手的一些情况。原来，这个人曾经被女人伤害过，当时他一怒之下，便杀死了那个伤害他的女人。但是他还是控制不住自己的愤怒，所以他将自己的怒气发泄到别的女人身上，接连杀害了多名女性。

就是因为不能控制自己，所以酿成了一桩桩悲剧。由此可见，作为一个人，必须要懂得自我控制，不能让自己的负面情绪如杂草般滋长。

人都有欲望，可是人能够控制自己的欲望，这是人与动物最大的区别。正因为我们有道德观，所以我们才知道自控。中国历史上有个著名的故事：一个人非常饥饿，但是当人不客气的吆喝来吃东西的时候，他却拒绝了。这就是所谓的“廉者不受嗟来之食”。事实上，饥饿中的人，对食物有天生的渴望。但是故事中的这个人却能够控制住自己的本能欲望，正是由于他具有出于道德观的自控能力。

控制自己的欲望，是藏心的重要一课。在生活中，当一个人看到万贯财富、珍馐美食、绝世美女时，都会立刻产生占有欲。但是作为一个文明人，我们必须用理性控制自己，不让自己的占有欲表现出来，更不能让占有欲主使我们做出一些非理性的事情，因为那样只会引火烧身。

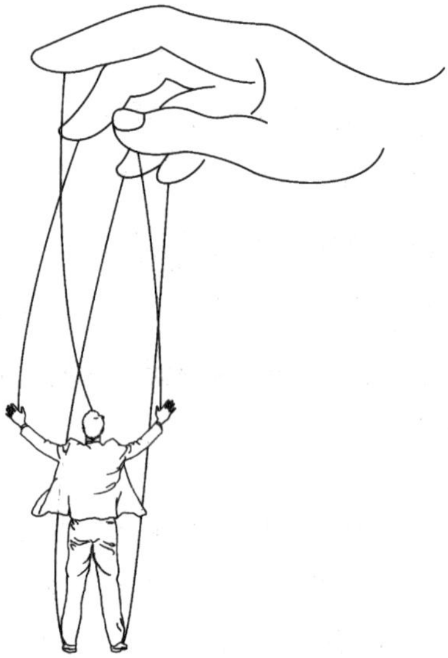

人都有欲望，因为我们有道德观，所以我们才知道自控。

我们之所以要控制自己的欲望，藏住自己的欲求心，还有一个更重要的原因，那就是，欲望往往就是一个人最大的缺点，如果不懂克制欲望，经常会被敌人所利用。

据说，东南亚的当地土著，有一个捕捉猴子的方法十分有趣。他们将一些美味的水果放在箱子里面，然后在箱子上面挖一个小洞，大小正好能够让猴子的手伸进去。

那些猴子通常经不住箱子中水果的诱惑，它们很想抓住里面的水果，可手一旦进去了就再也无法把手抽出来，唯一的办法是把手里的水果放下。但是，绝大多数的猴子宁愿被捉，也不愿意放下那些看似唾手可得的水果，以至于当猎人来到的时候，根本就不需要花费什么力气，就可以轻易地将它们捉住。

猴子不懂克制欲望，所以会陷入别人的陷阱。而我们人，虽然聪明、理智，但是我们的欲望也常常会被人利用，因而遭到别人的算计。

2001 年 2 月 21 日，美国 FBI 局长路易斯·弗里赫召开了紧急记者发布会，透露了 FBI 高级特工汉森 15 年来充当某敌对国间谍的惊人内幕。

这个汉森本是 FBI 特工，但是他却被金钱所诱惑，为敌对国服务。由于这个人是个反间谍专家，所以 FBI 久久没能找到他为敌对国服务的证据。

为了能“引蛇出洞”，FBI 决定利用汉森贪财的这个特点，给他下个“套”。首先，他们指派一名 FBI 特工冒充敌对国间谍，告诉汉森说：“我们需要一个重要的情报，如果你能得到这个情报，我们将给你 500 万美元的报酬。”

作为一个资深的特工，汉森意识到：这可能是个陷阱。但是在 500 万美元的诱惑下，他还是没能控制住自己的欲望，所以铤而走险。结果，正好落入了 FBI 的圈套，现出原形。

在这个案例中，汉森就是因为没能克制住自己的欲望，走上了邪路，最终又因欲望而被“打回原形”。由此可见，欲望确实是让一个人暴露自己本性的重要因素。

我们若想成为一个藏心的高手，首先就要学会控制自己的欲望。这不是说人不能有欲望，而是说要学会隐藏自己的欲求、克制自己的“危险”欲念。我们不能把自己的欲望表现出来，更不能被欲望所牵引，这是一个藏心的秘诀。一个人只有懂得克制自己之后，才能做到真正的深不可测，变成一个没有缺点的人。

常见的肢体破绽

担任美国 FBI 特工长达 25 年的乔·纳瓦罗在 2008 年出版了一本畅

销书，叫《牌桌上的阅人术》。这本书可不仅仅是一本“赌博指南”，更是一本“识人”的宝典。这本书介绍了许多人在掩饰自己时产生的破绽，受到了读者的追捧。正因为有人在试图学习“阅人术”，而希望掩饰自己的我们，才有必要学习“藏心”。

乔·纳瓦罗在书中提到：当人在紧张或是有压力时，会有一些情不自禁的小动作。还有，深呼吸或是话突然变多，或者是把手放在大腿上往返摩擦，都是因为感到紧张，所以才会通过这些动作试图平缓自己的情感。

乔·纳瓦罗认为，FBI 特工大都是从肢体语言上看出对方个性来的。这也是他们的一种秘密武器。

由此可见，普通人在掩饰自己的时候，往往会出现破绽。这其实是个很有意思的话题，我们如果深入探讨，会获得许多原来没有注意过的“冷知识”。现在，我们来系统地介绍一些常见的肢体破绽：

（1）真正吃惊的表情只能在脸上停留不到一秒钟。

真正吃惊的表情只能在脸上停留不到一秒钟。如果在脸上定格超过一秒钟，那么就可以断定这个人是假装的。

如果一个人显得格外吃惊，表现在脸上定格超过一秒钟，那么就可以断定这个人是假装的。反过来，我们从藏心的角度去看的话，就可以得出这样的结论：如果你试图用一种情绪去掩饰另一个情绪，那么你切忌，不要把你虚假的情绪保持得太久，那样反而会让人识破你的内心。

（2）手放在眉骨附近，意味着此人内心非常羞愧。

所以，当我们因某事心生愧意，但是又不想被别人发觉时，请克制住自己伸向眉骨的手。

（3）叙事时眼球向左下方看去，是大脑正在回忆的表现。

所以你如果想要让自己的叙述显得真实，不妨做出这个动作。

（4）明知故问时，眉毛微微上扬。

我们用一个虚拟的场景来阐述如何掩饰这种破绽：你的一个朋友新买了一个昂贵的戒指，你也许知道这个戒指的价格，但是为了配合朋友希望炫耀的心情，你还是会明知故问："这个戒指看着真不错，多少钱?"在这个时候，你千万要控制住你的眉毛，否则朋友会识破你的明知故问。

我们讲的这个例子也许是生活中的一件小事情，即使被识破了也无关紧要。但是在 FBI 办案的过程中，确实有没控制住眉毛而酿成大祸的案例。

1996 年，FBI 特工詹姆斯奉命去调查一件爆炸案。当时他前往犯罪嫌疑人的家中，试图搞明白，他的家人是不是知道爆炸案的内幕。

当他敲开门，向犯罪嫌疑人的家属出示证件之后，家属问道："FBI 特工来找我们干吗？我们可都是合法公民。"

詹姆斯发现，家属在说这番话的时候，眉毛微微上扬了一下。他立刻判断出：这家人知道我的来意，所以他们也一定知道自己的儿子到底干了什么。

因此，他决定以家属为突破口，向他们询问犯罪嫌疑人的下落。果然，在特工的百般说服之下，家属最终供出了犯罪嫌疑人的藏身之地。

在这个案例中，FBI特工根据对方的眉毛找到了事情的真相，当然值得庆贺。但是对于我们想要隐藏自己并不是因为有什么不可告人的勾当，很多时候只不过是人际交往中一种善意的掩饰，所以我们还是应该学会控制自己的表达。

（5）习惯性动作中的破绽。

当你与朋友一起谈天说地的时候，你也许会做出一些习惯性的小动作。现在告诉你，这些习惯性的小动作暴露了你心中怎样的情绪。

首先，有人可能喜欢手捂着嘴巴或是鼻子，这表明你是一个很有主见的人。在说话时，你手捂着嘴，暗示你对对方的说法不是很认可，但是又不好意思表达出来。所以，在和别人说话的时候，你最好不要把手放到嘴上，那样很可能让对方看出：这个人心中存在着相反的意见。

有些人在人际交往中喜欢不停地抚摸下巴或托着下巴，这表明他是一个很喜欢思考的人。这种人还有另外一个特点：喜欢算计别人，经常钻牛角尖。所以，你的这个动作同样会暴露一些对你不利的东西，应该加以克制。

还有一种人喜欢在跟人说话的时候玩弄头发。这种人显得比较温和，一副柔弱的模样，但其实他的内心深处刚强，有自己不易动摇的原则。所以你如果不想让别人看穿你的原则，就不要轻易抚摸自己的头发。

那些与他人说话喜欢东张西望的人，则是明显的不耐烦表现。而且，这也说明你是一个比较懒散的人，做什么事都提不起劲。因此，在面试的时候，不管什么原因，你都千万不能表现出这种状态，毕竟没有一个公司喜欢懒散的人。

（6）总在你不注意时偷看你一眼。

有些人喜欢在别人不注意的时候偷偷看人家一眼，这是性欲过剩的表现。

以上，都是人际交往时经常会出现的一些肢体破绽。善于藏心的你，一定要注意，不能让自己的破绽被他人识破！

藏住你话语中的破绽

之前，我们讲了许多能够暴露你内心的破绽，这些破绽大都体现在肢体动作上。现在，我们讲讲另一个容易产生破绽的地方——语言。

FBI 在审问的时候，会用一个小小的伎俩：他们先问一个人问题，然后等他们回答。然后问第二次，这时那个希望掩饰自己的人，肯定还牢牢的记得自己当初所说的那个虚假的答案。当 FBI 问完第二次之后，他们不会在短时间内再次询问相同的问题。在这期间，嫌疑人的身体会平静下来，他们会想，“我已经蒙混过关了。”

由于人在掩饰自己的时候，所说的话并没有多少事实基础，所以在放松下来之后，很快就会忘记。所以，当 FBI 第三次提问时，嫌疑人往往会惊慌失措，不能将之前编造的那个谎言再原原本本的复述。

虽然绝大部分人都不会被审问，但是在生活中，我们似乎都遇到过这样的事情：当初为了掩饰自己而说出的某些话，隔几天之后，当人们再细问起来，自己第二次的回答却和之前的话相差甚远。这就会让人怀疑你的品格，即便当初你说谎的目的是善意的。所以，我们若想藏心，第一件事情就是尽量不要忘记自己说过的每一句话。

有些话，除了字面意思之外，还有另一层深层的含义。话语的字面意思是我们所能控制的，而深层的含义，则要受到语气、说话方式的影响，所以有时候会暴露出我们不会表达的含义。

比如，我们也许经常说一句话：“让我想一想。”在朋友请求我们帮忙的时候，也许仅仅是因为我们没有绝对的把握，所以说“让我想一想”。但是你是否知道，你的朋友会因为这句话认为你是在拒绝他。

在生活中，每个人都可能遇到这样的人——他们所说的话，不论对不对，常常无端引起别人的反感。这些人就是因为不善于把握自己言语中的深层含义，所以才会让人讨厌。由此可见，同样意思，用不同的话语表达，就会附加上不同的情感意味，人们往往能从你的话语中看到你内心的情绪。

有些话会暴露我们不会表达的深层含义。

所以，要想藏心，我们也该学会藏住自己话中那些不必要的深层含义。

1995年，洛杉矶郊外发生了一起杀人案。由于久久找不到真凶，所以警方将破案工作交给了FBI。

FBI在接手案件后，先是搞明白了被害人的基本情况。死者为年轻女性，名叫珍妮，已经结婚，丈夫叫做詹宁斯。死者父母双亡，有一个妹妹和一个哥哥。死者的哥哥住在休斯敦，与妹妹关系恶劣，不经常来往。死者的妹妹住在纽约。

由于死者的社会关系非常单纯，所以FBI决定从她的家人查起。

他们找到了死者的哥哥。由于这个男人和死者并不在一个城市，所以 FBI 首先向这个男人传达了他妹妹的死讯。FBI 特工对他说："我们从纽约来，你的妹妹被杀害了……"

在听到自己的妹妹死于非命的消息之后，男人显得非常激动，哭着说："天啊，我都不敢相信，珍妮才 29 岁啊，是谁这么狠心！"

在听到男人的这句话之后，FBI 特工马上意识到：这个人和他妹妹的死一定有关系！因为自己还没有说出具体是他的哪个妹妹死了，他就知道是珍妮。

之后，FBI 开始把破案的重点放到了这个男人身上，不久后，就找了他杀害自己妹妹的证据。

以上的故事中，凶手一句不经意的话便暴露了自己的内心。由此可见，无论是语言的逻辑还是情感，都可能透漏出一些你不想透露的东西。所以，我们想修炼藏心，也要修炼好自己的语言。

当商鞅来到秦国的时候，秦孝公雄心勃勃地正想富强自己的国家，重塑祖先当年的辉煌。商鞅经过当时秦孝公的宠臣景监的介绍，拜见了秦孝公。

初次见面，商鞅就大谈尧舜禹汤，说古时先帝之德，说君王就要与民共苦、与民同乐，这样才能用自己的实际行动感动臣民，才能让自己的统治更加长久。秦孝公听了一会儿就昏昏欲睡。这种纸上谈兵的做法，让秦孝公非常不满意。

过了几天，商鞅又来拜见秦孝公。这一次，商鞅把自己以前的想法全都进行了修正。不料又失败了，秦孝公还是不满意。这时，秦孝公就找来了景监："你找来的这个商鞅，一而再再而三地求见，让寡人很不满意。如果再这样下去，你就让他从哪儿来回哪儿去吧！"

几天后，商鞅又来拜见秦孝公。有了前两次的交谈，商鞅渐渐揣摩到秦孝公的心思，抓住了关键性的问题。这一次，商鞅和秦孝公谈了春秋五霸用武力来强国的过程，并在谈话过程中，时刻仔细观察秦孝公的表情变化，从而确认秦孝公已经有采纳他建议的意思了。即使是这样，秦孝公还是因为前两次的印象而表示不想重用他，只是对景监淡淡地说："你这个客人不错，我能和他谈得来。"商鞅认为，如果他能再见一次秦孝公，就一定能说服他，让他采纳自己的建议。

就这样，商鞅再次拜见了秦孝公。这次的交谈让秦孝公听得入了迷，忍不住要把座位向前移动。而且一谈就是几天，秦孝公还觉得听不够。这让景监非常奇怪，怎么才过了没多少天，秦孝公对商鞅的态度就有了这么大的改变？景监耐不住好奇，就去问了商鞅。

商鞅说："我向大王讲述尧舜禹汤的为帝之道，秦王说这些太久远了，他等不及了。于是，我就向国君讲富国强兵之道，我观察到秦王的言行举止开始发生了变化。直到最后听完非常高兴，我的建议就被他采纳了。"

后来，商鞅开始辅佐秦孝公实施变法，最后取得了成功。秦国从那以后开始强大，最终吞并了天下。

故事中的秦孝公，显然不是藏心的高手，他的一举一动，都暴露了他内心所想。因此，商鞅才能抓住他的弱点和破绽，有的放矢。当然，他被商鞅"针对"而重用了商鞅，对他自己来说是一件好事情。但是在现实生活中，被针对肯定会给你带来一定的害处。所以，我们绝不能因为自己语言上的破绽而影响到自己藏心。

我们如果想要让自己的言语没有破绽，光在语言上下工夫还是不够的，还需要注意自己说话的场合。比如说，祝你"年年有今日岁岁有今朝"，这本身是一句好话，但是如果你在对方倒霉的时候说出来，恐怕话里的意思就完全变了。

除了环境之外，我们还要注意自己说话的语境。比如说，你手下的员工做错了事，你批评他可能有两种完全不同的方式：一是将他叫到自己办公室，语气严厉地批评一顿，然后再鼓励几句；二是在公司大会上或当着其他员工面前，表面语言温和，其实暗含批评。这两种话虽然表达的意思完全一样，但是却暴露了你心中的某些想法。所以，说话注意语境是藏心的必备法门。

总而言之，我们要想藏心，就需要注意自己的说话方式。这一点，需要我们在生活中慢慢体会。

第二章
别担心！——藏住你的冻结反应

冻结反应是一种人类本能的条件反射，在我们遇到危险或是面临困境时，冻结反应就会被激发。我们也应该意识到，冻结反应经常暴露我们的内心。所以，我们应该最大限度地控制自己的冻结反应。

在本章中，我们将从冻结反应是什么说起，然后一步步教会大家从各方面来克制自己的冻结反应。通过本章的叙述，相信大家一定会对冻结反应有深刻的认识。

什么是冻结反应

FBI 特工在追捕一名凶犯，据可靠情报，这名凶犯就潜藏在他母亲的家里。

由于凶犯的母亲年事以高，所以大张旗鼓的对其居所进行搜查似乎并不合情理。如果搜查到凶犯，一切还好说；但是如若情报有误，那么一切都不好解释了，可能对老人造成负面影响。这时候，FBI 特工决定先对老人进行询问。

当特工问道："你儿子在家吗?"注意到她把手放到额头上，说："没有，他不在。"

几分钟后，特工再次问道："你儿子会不会趁你外出时偷偷潜入你的房子?"她又一次将手放到额头上，然后说："不，应该不会。"

最后一个问题："那么，我要做记录了，你儿子确实不在这间屋子里是吗?"这一次，她仍然想把手放在那个位置上。

由此，特工肯定这个老人是在说谎，于是他申请了搜查令，结果他儿子就藏在一个密室里。

这是 FBI 侦查工作中的一件往事。特工根据什么判断这位老人说谎呢？就是那只放在额头的手，之所以她的手放在那里，是由于冻结反应造成的。

在 FBI 特工追查案件时，经常会根据人的冻结反应来判断一个人的精神状态和他内心的波动。而在现实生活中，我们自身的冻结反应也常常暴露出我们的紧张、恐惧和不安，让明眼人一眼看穿我们的内心。那么，本章将告诉大家，如何控制我们的冻结反应，进而影响我们的恐惧和不安……若想做到这一切，首先让我们从什么是冻结反应说起。

在科学上，对冻结反应的解释是：边缘系统使用的第一种防御战略就是冻结反应。移动会引起注意，一旦感到威胁时立刻保持静止状态，这是边缘系统为人类提供的最有效的救命方法。

这个解释太过学术化，深奥难懂，其实我们举个简单的例子，就能搞明白冻结反应是什么。你们一家人在吃饭的时候，突然听到门外传来非常巨大的敲门声，这时候你们一家人会是什么反应？是不是所有人都停下吃饭，看着门口，没人发出声响，在数秒之后才有所反应？在那一刻，时间和空间似乎像是被冻结了一般。这就是我们的冻结反应。

在很多时候，冻结反应会对人造成不利的影响。比如说，一个人在过马路的时候，突然有一辆失控的卡车从意外的地方冲了出来，这时候最好的选择就是赶紧逃走，但事实上，很多人这时候会被冻结反应所控制，呆住了！从而失去了最好的逃生机会，酿成惨祸。这就是冻结反应的负面效应。

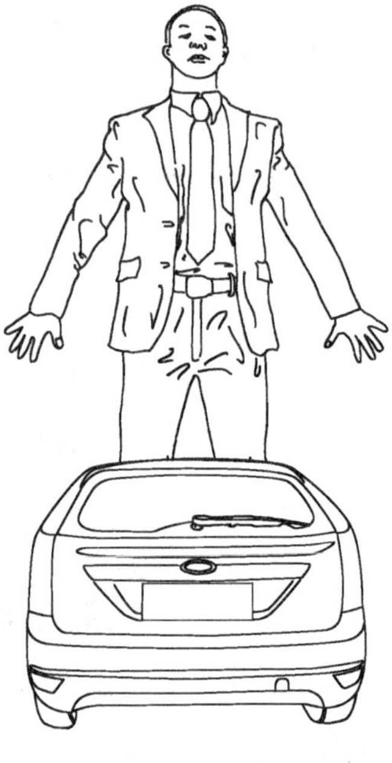

当一辆失控的卡车从意外的地方冲出来时，很多人第一时间会被冻结反应所控制，呆住了！从而失去最好的逃生机会，酿成惨祸。

有人要说了，冻结反应让人变得迟钝，而且会暴露我们的内心，对人而言大大有害！毫无疑问，这个说法是完全错误的，我们的任何一种下意识的反应，都是自然选择的结果！

大约100万年前，原始人类在极度危险的环境中求生存。那个时候，许多大型猎食动物都可能对人类造成致命威胁。然而，他们最终生存了下来，很大程度上是因为他们所拥有的冻结反应。

很多动物——尤其是大多数食肉动物，对移动非常敏感。比如我们看到了一条狗，如果你下意识的逃跑，这条狗很可能凶猛地扑向你；但是你若是静止不动，这条狗很可能不敢轻举妄动。而我们的祖先，面对的是更加凶残的动物，若是看见猎食者就跑，很可能招致追杀，还不如先静止一下，然后再想办法，所以他们更需要冻结反应来保全自己的性命。

这就是冻结反应，以及冻结反应的由来。

冻结反应的具体表现

之前我们提到了冻结反应的几种表现，如静止不动，或者是因为约束而重复做同一个动作等等……但是这并不是冻结反应表现的全部，在本节，我们将系统的介绍冻结反应的表现。

冻结反应的第一个表现，是呼吸！俗话说的“大气都不敢喘”，这是经典的冻结反应之一。

在受到惊吓时，人的本能反应是快速吸一口气，留着备用。但感受到恐惧的时候，尤其是迫于客观条件不能逃跑、不能反抗的时候（比如现代社会的规则、礼仪等），则会出现屏住呼吸或者减弱呼吸的冻结反应。

当然，呼吸的冻结反应比较难以观察，因为没有谁能一眼看出其他人是在呼吸还是在憋气。其实，除了呼吸之外，冻结反应还体现在许多肢体动作上。

冻结反应体现在肢体语言上，首先发生作用的就是手的约束。

不知大家有没有这样的感觉，当第一次站在一个大舞台上，面对着台下数百观众的注视，一定会觉得浑身不自在。这时候，连自己的手都不知道应该如何摆放了。

还有，有些女士常常习惯于将自己的双手拉住放于身前，这个动作也总是被人看作是可爱的表现。可事实上，这是她们紧张情绪的一种暗号，如果她们的手不这样相互约束的话，她们简直不知道把它们放到哪里才好。

男士常见的动作则是将双手拉住背在身后，这经常被人认为是沉稳大方的表现，但其实也是出于紧张。

还有几种比较难以发现的动作，看起来很酷，但其实也属于手部的约束性动作，比如将双手插入裤兜。还有新手主持人用一只手拿住麦克风，另外一只手插入裤兜。

将双手插入裤兜看起来很酷，但其实也属于手部的约束性动作。

当然，不潇洒的手部约束也有，比如用袖筒将手拢起来。这个动作看起来是因为冷，但也可能是由于紧张而导致的手部约束。

其实，这些姿势的出发点是一致的——通过外力来约束手部。这些手的反应在具体的情境中，都是在不知所措的情况下所产生的冻结反应，映射了内心的紧张和焦虑。

肢体语言所反映的冻结反应还体现在脚上。

脚上的冻结反应主要体现在，当人感到恐惧时，立刻会把脚摆到即将要逃跑的状态中。此时，人的腿部为了准备逃跑而会大量充血，身体其他部分则供血不足，会产生手心发凉的后果。

在一个学校里发生了一起女教师被谋杀的案件，FBI 特工迅速赶往学校，对学校中的可疑分子进行排查。

但是经过一番调查，FBI 特工发现，学校没有一个人和这位教师有过冲突，根本就没有人有理由杀害这位教师。

无奈之外，FBI 特工只好和校长握手告别，另谋出路。

但是，在和校长握手的时候 FBI 特工发现，这位校长手掌冰凉。FBI 特工认定，这位校长是在内心极度恐惧的前提下才产生了这样的“冻结反应”。

他为什么会感到恐惧？是不是和案件有关？抱着这样的疑问，FBI 特工把刑侦对象放到了校长身上。

通过调查，终于真相大白。原来，这位校长和女教师有私情，而女教师则以此威胁校长，校长无奈之下，终于痛下杀手。

一起特大杀人案件，就在一次不经意的握手中，找到了真相！

除了呼吸和手脚的反应之外，冻结反应还有一个体现，那就是表情。

一般情况下，在冻结反应中，人的面容会瞬间僵化。如果负面刺激压力过大，冻结反应也会呈现在脸上，让人失去礼仪和修养的矜持，表现为面部肌肉僵化，表情僵硬。在这个过程中，即使是最灵活的眼睛也会表现得滞涩，虽然因为需要继续观察，还会轻微的运动，但总体上是盯着负面刺激源，以便寻找后续的解决方案。

所以，如果你发现一个人表情僵硬、眼神呆滞，总是盯着一个地方，那么他很可能是产生了冻结反应。而他所盯着的地方，就是让他感到恐怖之所在。

以上种种表现，都是冻结反应的结果。而接下来，我们将教大家如果避免这些冻结反应，藏住自己内心的恐惧！

隐藏你的战斗反应

当一个人遇到危险，会自然而然的产生冻结反应。如果事件进一步恶化时，冻结反应会转化为战斗反应。也就是说，当你认识到危险已经无法逃避，你的潜意识会激发你的战斗意志，让你充满攻击性。

在很多时候，我们的恐惧会转化为愤怒。比如说，某人在走夜路的时候，突然有一个黑影蹿了出来，这个人肯定会被吓一跳。紧接着，他会感到非常的愤怒，这时他会充满攻击性。

那么我们想想：这个黑影，其实没有给他造成任何实质性的伤害，而他愤怒的原因，仅仅是因为这个影子让他感到恐惧。所以说，恐惧所导致的愤怒，大多是不理性的。大多数愤怒都会给我们的生活带来麻烦，而不理性的愤怒则更是如此。

愤怒之所以可怕，是因为愤怒经常会让人产生战斗反应，让我们只想着用暴力手段解决问题。在现代社会中，暴力手段应该得到最大程度的克制，因为没有一个国家的法律和道德，容许一个人肆无忌惮的采取暴力解决问题。所以，我们要藏心，就必须学会克制自己的战斗反应。

1992 年，一名 FBI 特工奉命打入墨西哥黑帮组织。这个黑帮组织的头目是墨西哥著名的大毒枭，FBI 特工此次行动的目的，就是搞明白这个大毒枭是通过什么渠道将毒品贩到美国本土的。

这名 FBI 特工在进入这个黑帮组织之后，开始了秘密调查。

突然有一天，大毒枭让特工到自己的办公室来一趟。作为大毒枭的“下属”，特工只得从命。这位特工在进入办公室之后，立刻感觉气氛有点不对。在办公室里还坐着几个凶神恶煞的人，他知道这些人都是黑帮里的打手，他们在这里，肯定没有什么好事情。

果然，还没等他开口，大毒枭就掏出一把手枪，指着他说：“别以为我不知道，你是警方派来的卧底！我今天就杀了你。”

事后，特工回忆起当年的场景时，依旧心有余悸：“在听到对方的那句话时，我的第一反应是：事情暴露了，我必须杀出去。但是这个想法仅仅在我脑子里停留了零点几秒，因为我知道，即便是动手，也不见得就能跑掉。更何况，如果这仅仅是对方的一个考验，那么我一旦动手，就真正暴露了，不仅小命难保，我们的所有计划都泡汤了。”

正因为有了这番考虑，所以特工克制住了自己的恐惧以及战斗反应，从容地说：“您开什么玩笑，我怎么会是条子？”

那个大毒枭依旧不依不饶地说：“我都已经调查清楚了，你不要抵赖了，今天你死定了。”

特工依旧从容，说道：“如果您真的调查了我的背景，那么只会更信任我，因为我过去 10 几年中都在监狱和逃亡的路上，我恨不得把那些抓捕我的条子都杀光。”

见特工没有露出破绽，大毒枭立刻换了一张脸，笑道：“哈哈，哥们儿，我只是开个玩笑。我一直都很信任你，现在，我有一件非常重要的事情要交给你办……”

这个特工一步步取得了大毒枭的信任，最终帮助 FBI 剿灭了这伙毒贩。

我们不得不被案例中这位特工的机智所折服。我们仔细分析一下，这个特工确实不是一般人。在大毒枭说已经识破他本来面目的时候，相信这个特工也是非常紧张的。一般人在这种情况下，肯定会产生极度的恐惧，在恐惧心的驱使下，不是夺路而逃就是“揭竿而起”。但是这位特工却克制住了自己的冻结反应和战斗反应，成功地化解了一次考验。由此可见，若想成就大事，就必须要学会克制自己不理性的冲动，更不能随便表现出自己的战斗反应。

你或许会说：“我就善于克制自己的战斗反应，我从来都没有过和别人动手的念头。”如果你仅仅把与人动手当作是战斗反应的唯一特点，那就错了。战斗反应包括了人类的一切攻击行为。在现代社会中，最为频繁的攻击行为就是争论。所以，争论也是战斗反应的一种表现。

争论可以是辩论或讨论，但是，对于很多人来讲，争论则成为了一种过分激烈的讨论。本质上来说，过激的讨论就是一场没有身体接触的战斗。在争论中，侮辱、人身攻击、反驳、诽谤、激将都是我们用来攻击对方的一种方式。

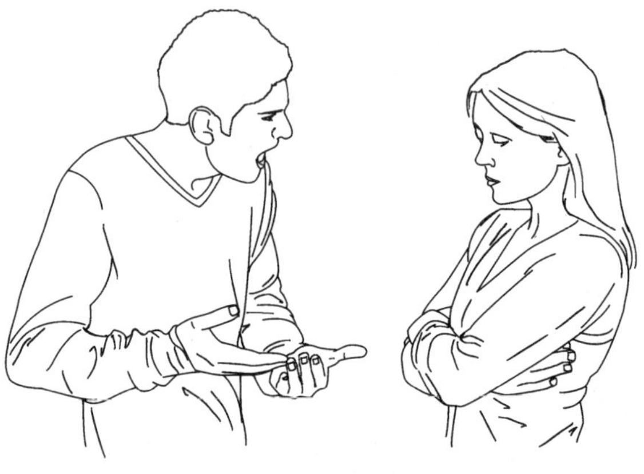

争论是一种过分激烈的讨论，本质上来说，就是一场没有身体接触的战斗。

我们要藏心，要克制自己的战斗反应，首先就应该克制自己与别人争论的念头。或许因为某件事，你特别想和对方争出个是非因果。但是你发现没有，大部分争论到最后都会成为无休无止的扯皮。

对于争论双方，想要搞明白谁对谁错是非常困难的，即便你有再多的论据论点，也无法真正说服对方。争来争去，除了得到一肚子气之外，还在各执一词的喋喋不休中暴露了自己内心的想法和弱点，让别人有机可乘。

所以，我们应该尽量避免战斗反应下的争论。因为任何进攻性的战略都可能导致情绪混乱，精力不集中，如果这样的话，你就不能对眼前的危险有正确的认识。

越是危险的时候，我们越要藏心。当我们的情绪上涨时，我们的判断能力便会受到影响，只会让自己更多的暴露，藏心就更加无从谈起了。这是因为，此时此刻，我们的认知能力已经被劫持了，“劫匪”就是我们大脑的战斗反应。它已经占据了思想的制高点，会调动一切资源为“战斗”服务。这时，我们很难保持理性。所以，想藏心，先藏住自己的战斗反应！

冻结反应的脱敏法则

在之前的篇幅里，我们着重讲了冻结反应的表现、意义以及应对冻结反应的一些小办法。不过，上面所提到的种种办法，只能够应对冻结反应中的某一种肢体表现。若想真正抑制自己的冻结反应，或者说让自己的冻结反应表现得不那么明显，我们还需要从消除冻结反应的根源做起。

我们知道，冻结反应的根源就是我们心中的恐惧和不安。所以要想消除我们的冻结反应，第一步就是抑制内心的恐惧。

在生活中，能给我们带来恐惧的事情太多了。寂静中的一声惊雷、黑暗中一闪而过的身影，甚至是在社交时遇到一个陌生人（即所谓的社交恐惧症），都能引起我们的冻结反应。

而事实上，在大部分时候，我们的恐惧其实是毫无必要的，那些让我们感到恐惧的东西并不能带给我们任何实质性的伤害。所以，我们的恐惧仅仅是一种心理作用。所谓心病还须心药医，若想消除恐惧，我们需要想办法让自己的心理变得更强大一点。

在 FBI 的训练科目中，有一项叫做“深入敌后”。在这个训练中，FBI 特工会被派遣到一个完全陌生的地方，去独立完成一项任务。

一个人到一个陌生的地方，而且是去执行危险的任务，甚至连一个能够在一起说说话的人也没有。此时，特工所要面对的不仅仅是对敌人致命威胁的恐惧，还要经受对孤独的恐惧、对陌生环境的恐惧……

FBI 之所以这么做，就是因为他们知道：若想没有恐惧，就必须先让自己习惯于恐惧。所以，他们才会把自己的下属放置于孤立无援之中。

事实证明，FBI 的这种训练方式是非常有效的。很多经受住考验的特工，在任务结束之后，都大有长进。他们变得更沉稳干练，更善于隐藏自己。这些能力，都是他们在极度危险的条件下，在高强度的恐惧中练就的。从此以后，无论将他们派到任何危险的地方，他们都会从容不迫。因为他们的心，已经在磨练中渐渐强大起来！

FBI 这种置之死地而后生的训练方式，或许可以给我们一些启发。在我们感到恐惧，因为恐惧而暴露自己内心的时候，我们更应该去主动接近那些让我们感到恐惧的东西，你会发现，自己的恐惧会逐渐消失。在心理学上，人们将这种锻炼方法叫做“逐渐脱敏法”。

所谓“逐渐脱敏法”，就是让人反复接受恐惧刺激物的刺激，使其逐渐适应这种刺激物，逐步消除自己的恐惧。比如说，有些人非常害怕打针，但是如果他患了一场大病，每天都需要打针，过几个月你就会发现，这个人对打针的恐惧已经完全消失，因为他习惯了。

如果我们想要更好的藏心，不妨采用逐渐脱敏法来提高自己的藏心能力！假如一个谈判新手需要和一个重要客户谈判，肯定会感到紧张。在谈判现场，他很可能因为恐惧而产生冻结反应，被对方看出他的底限。但是如果这个人经历过许多类似的谈判，那么他一定会从容得多，心机也藏得更深，就能更好的胜任自己的工作。

所以，在实践活动中，如果你经常对某种事物产生恐惧，就更应该主动、积极地去接触它，从而消除恐惧。例如社交恐惧，在有陌生人的场合中，如果局促不安，处处谨小慎微，脸红心跳，语无伦次，那你就要经常参加联谊活动，逼迫自己与陌生人打交道。那样，你就会在交往中得心应手，落落大方，潇洒自如，社交恐惧也就消除了。

如果你有社会恐惧，那你就要经常参加联谊活动，逼迫自己与陌生人打交道。

我们曾反复强调，生活中大部分产生冻结反应的恐惧，都是一种心理作用，你没必要因此而畏缩不前。你不能因为这一次你没有处理好一件事情：被人看穿、被人识破，最终功败垂成，就觉得：我永远也做不好，我无法克制自己的恐惧，我不能从容自如，我不能隐藏自己。事实上，只要你多去经历，多去感受，终有一天你能够做好的。

转移你的恐惧心

之前我们讲了通过“脱敏法”来对抗恐惧，和因恐惧而产生的冻结反应。在现实生活中，脱敏法是非常有效的，但是这个方法有一个缺点，那就是需要有计划的、长时间的磨练和坚持。假如我们遇到了什么突发事件，脱敏法就没有什么作用了。而在我们的生活中，突发事件不在少数，很多时候我们更需要在突发事件中隐藏自己的真实想法。所以，我们还需要另一种方法来对抗恐惧，以达到在危急关头藏心的目的——转移刺激法。

所谓“转移刺激法”，就是把自己的注意力从引起恐惧的刺激物上暂时移开，这样虽然并不能消除对某种事物的恐惧，但是却能暂时消除惧怕心理，以达到在面对突发事件时藏心的目的。

所谓“转移刺激法”，就是把自己的注意力从引起恐惧的刺激物上暂时移开。

FBI 特工积臣曾经遭遇过一次生与死的考验。在某次执行任务的过程中，他被穷凶极恶的歹徒抓获了。由于他曾经多次破坏歹徒的犯罪行为，所以对他恨之入骨。歹徒不愿意马上打死积臣，认为那样算是便宜了他。

歹徒将积臣带到一个密室中，绑住他的手脚，然后狂笑着对积臣说："你将在这里度过你的余生。我们很仁慈，不会轻易杀人。哈哈哈！"说完歹徒就转身离开，在临出门的时候，歹徒又回过头对积臣说："忘了告诉你一件事情，这里有一颗定时炸弹，将在两天后，也就是48个小时之后爆炸，你好好享受你的生命吧。"说罢便将沉重的大门关上了。

在一声闷响之后，一切都归于平静，紧接着，密室里的灯光也灭了。在黑暗的密室中，空气似乎都凝结了。

在那一刹那，积臣陷入到短暂的恐惧中。的确，在无边的黑暗和寂静中等待死亡，确实是一件让人崩溃的事情。积臣知道，现在唯一的生路，就是等待自己的队友来解救自己。而这唯一的生还希望，其实也非常渺茫，因为队友不见得能找到这里，更不见得能在炸弹爆炸之前找到这里！想到这里，积臣的心沉了下去。但是他马上意识到，如果任由自己的恐惧心理蔓延下去的话，自己的精神恐怕很快就崩溃了，自己说不定会在爆炸之前就已经被吓死了！

想到这一层，积臣就打起了精神，试图忘掉自己当前的惨境。但是濒临死亡的恐惧是无法克制的，百般无奈之下，积臣绝望地唱起了歌。作为一个摇滚歌曲爱好者，积臣开始想象，自己站在舞台上为数万人歌唱。逐渐地，他在歌声中忘记了自己的处境。

就这样，积臣开始无休止的歌唱。他不知道时间，不知道疲倦，完全进入了另一个世界。终于，他的歌声被打断了，因为有人把门打开了，那是他的队友！

当其他FBI特工看到积臣的时候，他们完全不能想象，这个声嘶力竭唱歌的人已经在死寂的黑暗中待了整整30个小时！更可怕的是，他随时面临着死亡的威胁！而现在，他的表情却像是一个超级巨星在舞台上表演。

事后，积臣的故事成了FBI的奇迹。许多供职于FBI的心理学专家都说：这本身就超乎想象，因为一个人在绝对的黑暗和寂静中待上12个小时，就将面临心理崩溃；如果这样的环境中还有一颗随时会爆炸的炸弹，我想普通人连5个小时也坚持不了；但是这个人却在里面“饶有兴致”地待了整整30个小时，绝非常人能够做到。

我们回过头想想，积臣之所以能战胜恐惧，是因为他成功地转移了对恐惧的注意力，这是对我们最大的启发。

如果我们想要藏心，不想被人看穿自己的内心，通过转移注意力的方法，不去关注哪些让自己恐惧的事情，恐怕是个非常好的方法。

有一个自卑感很强的男士，经过长期的摸索，发现转移注意力可以有效地转移自己对自身不足的注意。当他转移了注意力，脑子里就不再有自卑感和因为害怕丢丑而产生的恐惧。这样一来，他的行为举止就自然回归了本性。在别人眼里，他成为了自信从容的人。而他身上即便有缺点，也不容易被别人轻易发现了。

其实，这位男士就是采用了转移法来藏心的。

恐惧就是这样一种东西，你越是想越是害怕。索性什么都不想了，你就会发现，那些让你感到恐惧的事情，其实也没什么。所以，我们在恐惧面前应该学会“迂回”，这样就不会暴露自己的内心了。

视线的控制

什么能引起我们对恐惧的反应？是听到的声音？是触摸的感觉？还是亲眼目睹的恐怖事物？相信对于大部分人来讲，更倾向于第三者。

所谓耳听为虚、眼见为实，那些被我们直观看到的事情，更能带动我们的情绪。比如说，如果有一个人在给你讲一个恐怖故事，即使他讲得再好，你也可能仅仅是稍有恐惧。但是，如果故事中的那些场景，是你亲眼看到的呢？那时你的恐惧感，肯定要比仅仅是“听说”大得多。

眼睛除了能够带给我们最为直观的感受之外，它本身也会对外界产生直观的反应。瞳孔实验就有力地证明了这一点：人们在看到喜欢的事物时，瞳孔会放大；在看到不喜欢的东西时，瞳孔则会缩小。

之所以会产生这样的反应，其实还是源于人的天性。在瞳孔放大的时候，人能够尽可能多地去观察自己喜欢的事物；而瞳孔缩小，则意味着人对眼前的事物有逃避心理，以避免受到负面刺激。当然，瞳孔的变化是非常隐秘的，一般人是难以察觉的。

所以，一个人在遇到事情时，只有瞳孔发生的变化，那他肯定是藏心的高手。他们即使内心波澜壮阔，外表也不动声色。但是对于绝大多数人来讲，他们在受到视觉的刺激之后，不仅瞳孔会发生反应，还会产生如视觉转移、眼神飘忽不定等状况。这样的人，就更容易被人识破，属于不善于藏心的那类人。

当一个人遇到刺激而产生负面情绪的时候，往往会产生视觉逃避。

FBI 曾经专门研究过人在各种状态下，眼睛所产生的变化。他们发现，当一个人遇到刺激而产生负面情绪的时候，例如愧疚、心虚、尴尬或者恐惧时，往往会产生视觉逃避。也就是说，他们不会一直盯着那个对他们产生刺激的事物看。这时候，他们的目光会尽量转向那些让他们感到愉悦的事物上，这样他们的负面情绪就会快速衰减。

但是问题来了，在对方还没有发现你情绪异常的时候，你转移视线确实有调整情绪的功效；假如对方已经对你的情绪异常有所察觉，这时候你如果还想用转移视线的方式来调整自己的情绪，恐怕为时已晚，而且对方很可能会因此确认——这个人一定是想在掩饰什么！那么，你想要藏心就难上加难了。

所以，在你已经露出马脚的时候，不妨镇定一些，不要让自己的眼神显得太过飘忽，这样才能真正藏心。

从这里我们也可以看出，藏心确实需要随机应变，这世上没有哪一种方法能让你永远不被别人看穿。只有在最合适的场合，选择最合适的方式，才能做到真正的藏心。在这方面，发生在 FBI 特工身上的一个经典案例，或许能给我们启示。

1987 年，FBI 截获了一份重要情报：在美国政府内部，安插有某敌对国的一个间谍。当时 FBI 并没有在第一时间抓捕这个间谍，他们想利用他，向敌对国传达一个错误的情报，上演一出“反间计”。

FBI 获悉，这个间谍下一步的任务是盗取一份机密文件。所以他们造了一份假文件，就等着间谍“自投罗网”。与此同时，FBI 还安插一个特工进入到政府部门，专门负责保管文件。特工的任务，就是“指引”间谍盗取假文件。

特工在进入政府部门之后，很快就和周围的同事建立了良好的关系，当然，也包括那个间谍。作为一个“新人”，和老员工搞搞关系是件很正常的事情，所以特工的这一举动并未引起那个间谍的怀疑。

某一天，那个间谍主动邀请特工到自己家共进晚餐。特工知道，间谍一定是想从自己口中套话。虽然自己的任务就是告诉对方“文件”的具体位置，但是如果太过刻意的话，肯定会让对方怀疑。而且，作为专门保管文件的负责人，那样也显得太没有专业素养了。对方怎么能相信呢？特工决定耍一些小花招。

席间，间谍和特工边喝酒边聊天，聊的都是些家常话。特工知道，真正的考验还没有开始，好戏还在后头。

果然，饭过五味、酒过三巡之后，那个间谍叹口气，说：“我真羡慕你们这些搞后勤工作的，天天在办公室闲坐。哪像我们，每天要面对那么多事情，整天提心吊胆的应付上司。”

特工连忙道：“可别这么说，我们这活也不见得好到哪里去。最近几天，第三档案室……”说到这里，特工赶忙停下了话，还装作非常紧张的样子，眼神飘忽不定。

间谍见状也没多问，岔开了话题。特工心中暗想：“果然上钩了。”

几天后，藏在第三档案室的那份假文件果然有被人动过的痕迹……

这个案例中的FBI特工，为了让对方相信自己说的话，故意表现出一种试图掩饰自己内心的状态，这属于反其道而行之的藏心术。更为关键的是，在这个过程中，他的眼神起到很大的作用，这让对方坚信：这个人所说的一定是真的，因为他想掩饰自己！而特工则通过这种方式，将真相隐藏起来。这可以算作是藏心的另一层境界了。

其实，在很多时候，我们如果想要掩饰自己的真实内心，不妨通过对视线的控制，先让对方相信“假象”。这种方式，我们在生活中其实经常可以看到。

比如说，你去买一件衣服，这件衣服店主要价500，而事实上，这件衣服卖到300店主还有得赚。但是当你砍价砍到400的时候，店主便做出一副痛心疾首的样子，眼中充满了不可能、绝对不卖的神情，并且对你说：“我这进价就400，你再多给点。”这种情况，其实店主就是想将你引到一个假象中，以隐藏自己心中真实的价格定位。

藏心是一门特别高深的学问，这里没有什么固定的套路可言，只有活学活用，才能做到最好。而本节，就是想让大家知道，对于自己视线的小小控制，就能在不同的场合中起到意想不到的藏心作用！藏心术的“博大精深”可见一斑，我们将在之后的篇幅中继续介绍。

藏住你的恐惧

如何通过避免冻结反应来隐藏我们的内心？首先你要“管住”你的眼睛。

人们说眼睛是心灵的窗口，确实我们的很多情绪都是通过眼睛透露出去的。由于人们在谈话的时候，第一个观察到的地方也是对方的眼睛，所以管住自己的眼睛往往就等于隐藏了自己的内心。而很多时候，许多人就是由于没有管住眼睛而被人看穿的。

FBI 知道对于狡猾的人来说，他的眼神要比语言可信得多。

桌子对面的男人小心谨慎地回答 FBI 特工提出的问题。他既不是谋杀案的主要嫌疑人，也有充分的证据证明自己案发当时不在现场，但特工依然不停地追问：

“假如你参与这宗案件，你会使用枪吗?”

“假如你参与这宗案件，你会使用锤子吗?”

“假如你参与这宗案件，你会使用碎冰锥吗?”

其实，破冰锥正是作案的工具，所以特工想看看嫌疑人听到凶器名称时，会作出何种反应。

果然，那男人一听到“碎冰锥”这 3 个字时，眼皮耷拉了下来。根据这一点，他被作为第一嫌疑人调查，随后的事实证明他没被冤枉。

上面是 FBI 特工乔·纳瓦罗叙述的一件事情，证明了脸上最为诚实的部位，就是眼睛。那么，如何管住自己的眼睛，避免暴露心中的想法，防止冻结反应？

如果你感觉心中有压力，就尽量将视线转移到美好的事物上去，让自己的心境好起来，以此来掩饰心中的负面情绪。也就是说，你不要总把目光放到那个让你感到恐惧的地方，那样会暴露你的内心。

当然，你的眼神也不能过于游离，因为冻结反应还有一个表现，那就是眼珠乱转，也是内心恐惧之后的一种表现。所以在危险时刻，你一定要把眼神放在一个能让你感到愉悦的地方。当你的眼中尽是欢欣之情的时候，谁也不能发现你的恐惧。

眼珠乱转是内心恐惧之后的一种冻结反应。

管住了眼睛之后，你还要管住自己的手。很多人在“心里有鬼”之后，会显得手足无措，或是下意识的作出反应，这会极大地暴露自己的内心想法。相反，如果能够控制自己的手，则会藏住自己的心。

在这里，我们用一个耳熟能详的例子来说明，克制自己手部冻结反应来避免暴露内心想法的好处。

东汉末年，曹操持短剑去刺杀董卓。当时董卓背对曹操，曹操乘机拿出短剑，准备下手。而此时，董卓却突然转过身来。这时曹操肯定是非常惊惧的，如果他产生了冻结反应，要么是僵住不动，要么是下意识的逃跑，那么他的小命就难保了。但是曹操却没有被冻结反应所控制，而是顺势说："我要把宝剑赠与你。"从而避免了杀身之祸。

曹操的这个案例，就说明了避免冻结反应的好处。但是我们如何才能修炼得和枭雄曹操一样厉害呢？

首先，你要锻炼自己对情境的掌控感。比如，一档很受欢迎的电视节目主持人在自己的演播大厅，即使人再多，场面再大，也不会感到恐惧。为什么呢？因为他能掌握这个情境。

FBI 为了锻炼对情境的掌控感，常常会进行一些"非人"的训练。为锻炼特战队员的心理素质，会把他绑在即将驶来的火车铁轨上。在实弹射击中间，假人旁边就站你的队友。总而言之，他们要的，是在任何危险情况下都能保持冷静的人。

一些退役 FBI 特工说："我们并不需要那些在酒吧斗殴中的打架能手，我们真正需要的是这样的人：他能够走进一个酒吧，立马意识到这不是个好地方从而马上离开。"

在紧张局势下执行任务时，能否冷静观察可能意味着是消除危机还是引发危机。

1996 年 4 月，一支 FBI 特工队降落在利比里亚的蒙罗维亚，以帮助那里的美国人和其他国家的人摆脱内战的威胁。此时情况已经很复杂，武装暴徒在使馆附近抢劫，站岗的特工遭到枪击。狙击手朝使馆院里打黑枪，直升机飞行员偶尔看到流弹从挡风玻璃前掠过。

但是，在将近两周时间里，这支特工队未发一枪，撤退了 2126 人，最大限度减少了在使馆周围交火的可能性。

FBI 之所以能在任何时候都保持冷静，是因为他们在训练中已经模拟了任何危险的场景。比如在铁轨上面对火车，比如说对着离队友很近的假人开枪。他们适应了这样的场景，所以能在这样的场合中保持冷静。

我们不会经历那样危险的时候，所以不用将自己放到火车道上，但是我们也可以模拟一下可能会感到紧张的场合啊。

比如说，你去面试之前，如果害怕紧张，可以找个人扮演考官，来提问一些面试中可能会问到的问题，然后你做回答。

你在姑娘面前总显得缩手缩脚，可以多尝试着和一些姑娘约会，时间久了，你适应了那个场景，就不会再感到紧张，更不会产生冻结反应了。

总而言之，情景再现，是避免冻结反应的一种好办法。

除了情景再现之外，还有很多办法可以避免冻结反应，在下面的章节中，我们还将进一步讲述。

第三章
镇定！——藏住想要逃离的心理

太多时候，我们显得不太镇定。而慌乱无措的行为，想要逃离危险的心态，则是暴露我们内心的罪魁祸首。我们想要藏心，就必须让自己变得镇定一些。

想要让自己变得镇定，变得更有城府，是一件不容易的事情，这需要调动我们太多的精力，所以，我们需要有步骤、有计划地改变自己。在本章，会给大家指出一条明路，让大家知道："我可以通过这样的办法，来让自己变得更镇静。"

逃跑的那一刹那

在上一章中，我们讲到人的冻结反应。在本章中，我们要讲一种和冻结反应一样，拥有“悠久历史”的人类本能——逃离反应。

所谓逃离反应，就是人在感受到厌恶或恐惧的时候，所产生的一种反应。造成这种反应的源头是，那些对人构成威胁的刺激源足够强大，人没有改变局面的信心，所以会造成人的逃避心理。远古时代，逃离就是简单的跑，但是在现代社会中，逃离则多数比较隐晦。

如果你出现了逃离反应，那么别人就可以判断出，你对眼前的东西产生了厌恶或者是恐惧。和冻结反应一样，这也是人与生俱来的一种自我保护措施。但是在现代社会中，值得人真正逃跑的事情越来越少了。可是我们的逃离反应依然发生着作用，更可怕的是，它随时都有可能暴露我们的内心。

某次，FBI 特工在机场巡查，他们的目标是找出一个潜逃中的连环杀手。FBI 特工知道，这个人很可能已经易容改装，想要抓到他可不是那么容易。所以他们擦亮了眼睛，四处寻找。

可是在找了将近半个小时之后，FBI 特工依旧一无所获。

这时候，从机场外面进来一个人，看起来和其他人并无区别，向着登机口走去。此时，一个机场的安保人员从他身边经过时，不小心撞了他一下。那个安保人员立刻向他道歉，他仅仅是点点头，并未说话。

这一切都被 FBI 特工看在眼里。FBI 特工注意到，在安保人员和他身体接触那一刹那，他的脚立刻摆出了一前一后的姿势，类似于运动员在起跑线上所采用的起跑动作，这是最典型的逃离反应。FBI 特工立刻前去“请”他谈一谈，果不其然，此人正是 FBI 要找的那个连环杀手。

FBI特工之所以判断那个人有问题，是因为对于一般人而言，机场安保并不能对他们形成威胁，所以不会因为安保人员碰他一下就产生逃离反应。而这个人却表现出了明显的逃离反应，只能证明他心里有鬼！

采用这个案例只想说明一个问题，那就是逃离反应确实可以暴露我们的内心。

大家不要以为只有“心里有鬼”，才可能产生逃离反应。事实上，对于我们每个人而言，即便我们的内心坦荡，但是在受到某些刺激的时候，还是会产生逃离，进而暴露我们当时的心理状态。

在金庸小说《笑傲江湖》中，有这样一个场景：令狐冲在知道师傅岳不群是个伪君子之后，对他产生了极度的厌恶感。所以当岳不群过来想拍一下令狐冲的肩膀时，令狐冲自然而然地闪避了一下。而岳不群则哼了一声，走开了。这就是典型的逃离反应出卖一个人真实想法的案例。

当一个我们非常厌恶或者是害怕的人试图接近我们时，我们会产生逃离反应。

在现实生活中也是这样，当我们内心对一个人非常厌恶或者是害怕的时候，这个人若是试图接近自己，我们也可能会产生逃离反应。由于逃离反应很容易被人看穿，进而让人意识到：这个是讨厌（害怕）我，所以逃离反应经常会暴露我们的内心想法。所以，要藏心，必先控制自己的逃离反应。

事实上，我们的父母很早就在帮助我们克服自己的逃离反应。由于每个人天生对陌生人都有一定的恐惧感，所以在小的时候，在见到陌生人之后，父母会教我们：去主动和叔叔阿姨问好。这其实就是一种克服逃离反应的培训。

正是因为有了这种培训，我们在成年后，在面对陌生人时，会较少出现眼神逃离或者躯干后仰等明显的逃离反应。我们因此被人视作是有修养的人。

但是我们也应该意识到，虽然在大部分时候，我们比较好的克服了逃离反应，但是在面对某些情况时，我们还是难以克制自己的这种反应，因而暴露了自己的内心。所以，在接下来的叙述中，我们将阐述逃离反应的“终极控制”。

克服目光的逃离反应

眼睛是心灵的窗口，我们的很多情绪都是从眼睛中显露出去的。在之前介绍如何应对冻结反应时，我们就讲了如何控制自己的眼神，以做到藏心的目的。而在本节中，我们将不得不再次提到眼神控制，因为眼神控制也是克服逃离反应的一种手段。

在生活中，你有没有遇到以下情况：在会场里，领导在讲台上喋喋不休，而你对这个领导还有他所讲的话充满了厌恶，这时候，你的目光就开始四处飘荡了，这就是典型的逃离反应。你不能阻止对方讲话，又不能转身离开，所以逃离反应便体现在你的目光上。

当然，会场中那么多人，你即便产生了逃离反应，也没什么关系。但如果你独自面对一个人，在倾听对方谈话的时候，把头转向一边，目光的聚焦也不在对方身上，那么很可能引起对方的极度反感，因为这是逃离反应的典型动作，代表着厌恶或恐惧。这就不仅仅是一种暴露自己内心想法的行为了，还是一种没有礼貌的体现。

在倾听对方谈话的时候，目光的聚焦不在对方身上，这是逃离反应的典型动作。

警方抓到一个在逃多年的逃犯，他手上掌握着关于犯罪集团的重要线索。但是不管警方如何审问，他始终闭口不答。无奈之下，警方只好求助于 FBI 审讯专家。

审讯专家到了现场之后，看到的是这样一个人：多年的逃犯生活，让他显得有点神经质，似乎总是在悄悄地观察四周的动静，神情猥琐。

审讯专家对警方说："你们先审问，我在旁边观察一下。"

和前几次一样，警方的审问依旧一无所获，警长对专家说："还是由你出马吧。"

专家也没有推辞，搬了把椅子，坐到逃犯的对面，开始审问。

警方惊奇地发现，专家的审问方式和自己完全一样，甚至连每一句话都非常接近。但是，逃犯似乎被施了魔法，老老实实地说出了线索，到最后甚至还留下了忏悔的眼泪。

事后，警长好奇地问专家："我们的方式完全一样，为什么效果截然不同?"

专家笑了一下说："这个逃犯已经潜逃多年，受尽别人的冷眼与嘲笑，现在他有了一个重新做人的机会，其实他自己也非常想和警方配合。但是你有没有注意到，你的下属在审问他的时候，在离他非常远的地方坐着，甚至连正眼都不愿意看他一眼；即便是看了，也是鄙视和厌恶的目光。这激起了他心中的反感，所以你们才徒劳一场。而我，虽然对这样一个曾经犯下滔天罪行的人非常鄙视，但是自始至终都没有表现出来，而用柔和的眼光看着他。对于一个亟需别人尊重的人来讲，还有什么方式能比这样更打动他呢？所以我成功了。"

在这个案例中，审讯专家通过眼神，成功的隐藏了自己内心的厌恶和不满，更杜绝了自己的逃离反应，所以他才能获得对方的认可。

在与人交谈的时候，我们的目光也应该始终聚焦在谈话者身上，即便是你对他有些不满，有些厌恶，你也应该这样做。因为这不仅能够让你藏住自己的厌恶心，更是一种社交中的基本礼仪，是每一个懂礼之人应有的素养。

克服肢体上的逃离反应

之前我们介绍了从眼神控制这个层面来克制逃离反应，那么本节，我们将从肢体语言的角度探讨如何克服自己的逃离反应。

首先，我们来介绍一下逃离反应在肢体动作中的几种体现。

第一个，也是最明显的逃离反应，就是躯干的转动。

这种逃离反应比较容易出现在多人对话的场景，和在比较开放的空间环境中对话。当不喜欢当下正在说话的这个人时，很多人都会将身体转向另外一个人，尽管脸上可能没有表现出厌恶之情，但是这种肢体语言已经将此人的内心暴露了。

FBI 曾派遣特工 M 潜伏到某犯罪组织，试图瓦解这个犯罪组织。

M 特工发现，这个犯罪组织结构严密，犯罪行为隐蔽，要想一举破坏对方，只有从内部下手。但是，他缺少这样一个契机。

某一天，这个犯罪组织搞聚会，许多头目都来参加。在聚会中，M 特工敏锐地察觉到，在他们老大讲话的时候，组织中的副手虽然一脸堆笑，但是身体却转向了别处。M 特工意识到，副手对老大有所不满，这也许是从内部瓦解对方的一条好路子。所以从那以后，他开始刻意挑拨二人的关系。

果然，没过多久，这个犯罪组织就开始了内讧。内讧大大削弱了这个组织的实力，很快他们就作鸟兽散了。一个让警方头疼了很久的组织，就这样被瓦解了。

案例中的 M 特工，就是敏锐的观察到副手一个小小的肢体动作，从而洞悉了对方的内心想法。在现实生活中，我们的肢体语言也同样会被有心人所观察到，我们的内心所想也可能会因此而暴露。所以，在面对一个人的时候，无论你内心是如何想的，在还没必要摊牌之前，请用一颗平常心去对待他。而你首先要做的就是——不要转开身体。

第二个肢体上的逃离反应就是你的脚。

从科学角度来看，想要控制自己的脚要比控制身体其他部分更难。因为脚是离中枢神经系统最远的一个器官，所以最难控制。美国有位前 FBI 特工就曾经在书中总结过：“从头到脚，可信度逐渐增强。”

如果两个人是站着说话的，无论身体其他部分是怎样的状态，双脚脚尖一定是指向对方的。如果是坐着说话，双腿延伸线形成的扇形区域，会把对方涵盖在中间。

但是当一个人产生逃离反应之后，脚会立刻改变方向。这是典型的“准备逃走”的表现，也是逃离反应最直接的体现。

如果两个人是站着说话的，当一个人产生逃离反应之后，脚会立刻改变方向。

发生在脚上的逃离反应，虽然很难被人观察到，但是一旦被人发现，那么对方就可以确定你此时的心理状态了。所以，如果你想藏心，就要控制住自己的脚。

第三个逃离反应的肢体表现就是手。

我们之所以把手上的逃离反应放到最后一位，是因为手的反应是最不直观的。这是因为，手部的逃离不是通过动作体现出来的。

在我们有了逃离反应的时候，其实我们的神经系统已经开始为逃跑做准备了。这时候，身体里的血液会向腿部集中，而手部则供血不足，所以会冒冷汗，手上发冷。之所以说手部的逃离反应不太明显，就是因为这些特征是观察不到的。但是在某些特定的场合，比如正式场合需要握手，这个特征就会显得十分明显了。

由于手部的逃离反应完全是生理上的反应，不能用理智加以有效克制，所以，若是你感到自己手心冰凉、冒虚汗的时候，就要避免和他人握手。

这里介绍几个礼貌拒绝握手的小窍门：在需要握手时，你可以先把手伸出来，掌心向上，做出“请”的动作，并且说：“有失远迎，这边请。”或者是，在握手之前，假意打喷嚏，用手捂一下自己的嘴。这样的话，你不和对方握手，反倒显得你彬彬有礼。

总而言之，逃离反应在肢体上有多种表现方式，但是你可以通过一些小方法一一化解，以达到藏心的目的。

熟悉让你更镇定从容

一个歌星，在自己熟悉的舞台上，往往表现出无比自信的气质。一个企业老总，在自己的企业中，往往体现出超出一般的王者之气。就算是一个普通人，在自己家里，也肯定会从容不迫……

在你熟悉或者是你能掌控的地方，你不会产生任何逃离反应，会显得镇定从容、落落大方。

相反，一个贫困潦倒的人进入到富丽堂皇的酒店中，会显得手足无措。而员工在强势老板的办公室，也会显得有点不自在……

为什么我们在有些时候、有些地点，总能保持镇定，而在某些时候，却又显现出难以抑制的窘迫呢？

其实，这都是逃离反应在作祟。在你熟悉或者是你能掌控的地方，你感受不到威胁，所以不会产生任何逃离反应，你显得镇定从容、落落大方。但是在有些地方，你会感到自己的弱势。而这时，由于逃离反应的产生，你会显得缩手缩脚，不够自信。很显然，我们都想成为一个无论在什么地方都表现得落落大方的人。不管在什么时候，我们也都希望能够藏住自己心里的不安和局促。若想真正做到这一点，我们就要培养自己的“熟悉”。

每一个资深的FBI特工，在被派到一个陌生的地方执行任务时，都会先熟悉这里的地形。他们会到附近的街道随意的逛一圈，在逛街的同时，他们还会特别留意这里的一些具体情况：比如人群的密集程度、当地的地形等等。

FBI特工斯威夫特说：“其实，我们所做的这些观察，不仅仅是为了更好地了解自己所处的环境，更是为了能够对这个地方形成一种熟悉的感觉。要知道，熟悉在很多时候等同于安全。有了这种感觉，我们会显得更加从容镇定，就不容易暴露自己。”

通过案例我们可以知道，熟悉这种感觉来源于我们心中的防范或是进攻意识，在熟悉之后，人就相对更有安全感

在自身绝对熟悉的一个范围内，人会体现出极度的自信和松弛（当然，也可能表现出如炫耀、骄傲等特点，这是熟悉的负面效应，对藏心不利）。在这种情况下，因为我们更加镇定，所以能够更好的藏心。

所谓藏心，其实关键在于人对自己情绪或者是状态的熟悉。如果一个人对一切已经熟悉，那么他首先就具有了“掌控一切”的意志和心

理基础。而拥有掌控心态的人，对于任何突发事件都会呈现出比较平淡的反应。这是因为他们心中自认为有控制一切的能力，所以在“大事”面前，他们显得比较淡定从容。

因此，对一切熟悉的人往往表现出另一种见惯了大场面的自信，在任何时候，他们都保持着松弛的状态，这种松弛的状态其实是我们内心的一层保护膜。因为你松弛，所以你没有破绽和漏洞，别人也就更难以看穿你的内心，这类似电影中高手们所说的“无招胜有招”。

内心鼓舞的原动力

生活中，我们常常被一些“无所谓”的事情搞得非常“不淡定”，慌了手脚。比如说，公司明天要开一个重要的会议，到时候公司的领导们全都在场，而你的部门要求你届时当着所有人的面发言。

想到要在那么多人面前发言，也许你感到有些恐惧，并引起你的逃离反应，整整一天，都显得非常不淡定。对你而言，你想获得发言的机会，因为这对你的晋升非常有利。但是你却产生了本不应该有的恐惧心理，陷入到苦恼之中。恐惧心理可能会让你在明天的会议中显得不够自信，甚至可能因此影响你的发挥。

其实，我们的紧张和焦虑情绪，往往是由于我们在精神上总想逃离或逃避某件已经决定要做的事而产生的。事实上，因此而产生的逃离反应，完全可以通过自己的内心力量来纠正。

1987 年，4 名 FBI 特工在追捕一名逃犯时，被狡猾的逃犯引入到危险的南美丛林里。在那里，他们迷失了方向。

在原始丛林中迷失方向是一件非常可怕的事情，因为那里潜藏着无数的危险和杀机，稍有不慎，就会丧命。

即便是在这样艰难的条件下，FBI 特工没有忘记自己的使命。经过一番寻觅，他们终于抓获了那名逃犯。

被抓获之后，那名穷凶极恶的逃犯依然不知悔改，他狂笑着对4名特工说："你们费尽心思抓我，现在终于如愿以偿了。但是，又有什么意义呢？这里是原始丛林的最深处，你们不可能活着出去，而我根本就没打算活着。"

面对逃犯的这番话，一个特工回答说："因为你的内心已经对自己绝望了，你对生活充满畏惧，所以你才会走上邪路，才会把自己引向死亡之地。而内心真正强大的人，则永远不会放弃生的希望。"

在之后的一个星期中，4名特工带着这名逃犯跋涉在原始丛林中。经过千辛万苦，他们终于走出了茫茫丛林，重获新生。

事后，死里逃生的特工们在接受采访时，说了这样一句话："内心是一种力量，心中有光明则无所畏惧，而心中黑暗，则将自己引入死地。"

作为FBI特工，经常会遇到一些危险的事情。但是他们的内心似乎具有强大的能量，他们不会因为危险而惊慌失措。在外人看来，这不是一般人所能达到的境界。

正如FBI特工所说，我们能达到怎样的高度，完全取决于我们内心的力量。如果你决定想要将一件事进行到底，又何必在精神上老是希望躲开或者逃避呢？

只有内心力量真正强大的人，才能做到不为外界的因素所干扰，做到"泰山崩于前而不变色"。也只有这样的人，才能杜绝一切恐惧，永远保持镇定，不会被人轻易看穿。

FBI第一任局长胡佛曾经说过："如果一个特工敢于出没最危险的地方，那么他犯再大的错误也错不到哪儿去。"这就是说，遇到问题越是想逃避，那么犯错的几率就越大；如果你能勇敢地面对，那么即使犯错，也是能够挽回的。

这个规律在我们的"藏心术"中依然适用，在很多时候，我们越是害怕自己“暴露”，越是容易被人看穿。因为你的恐惧会出卖你。而那些真正能够藏心的人，都是“勇敢者”，因为他们不会畏惧，所以才能挥洒自如。

一个人如何才能在人生中更加勇敢无畏？关于这个问题，我们可以用心理控制方面的知识去回答。

当一个人不够自信、内心不够强大时，他对外界的反应会显得非常“过激”。比如说，一个人个子很矮，小的时候经常被人嘲笑。长大后，如果他还因此极度自卑的话，那么就会非常在意别人对他身高的评价。如果有人在身高上和他开玩笑，他的反应一定会非常激烈，因为他无法掩饰自己内心的愤怒情绪。

但是对于那些内心强大的人来讲，就不容易情绪失控，即便是有人恶意嘲笑他们，他们也能从容应对。这是因为他们有足够的自信，他们是生活的勇敢者。

那么，我们现在要讨论的一个问题是：为什么人的内心会有强大弱小之别？

通过日常观察我们会发现，有些人能力很强，但是在有些时候常常因为心理素质太差而坏了事。有些人能力虽然一般，但是关键时刻能稳住自己，藏住内心的负面情绪，反倒是无往而不利。

由此可见，在这个世界上，客观的因素固然重要，但是主观的能动性也不容忽视。对每个人而言，其实大家在能力上都差不了多少。所以，成功者和失败者最主要的区别就在于他们的内心：成功者的内心更强大，而失败者则往往难以掩饰自己内心中负面的东西。

成功者不是没有恐惧之心，但是他们能够很好地隐藏自己的恐惧，让理智占领思想的高地。对于那些善于藏心的成功者而言，在遇到重大的事情时，他们不会马上表现出惶恐、不知所措的情绪，而是显得更为清醒，所以他们能透彻分析形势，在头脑已经形成了应对的方法。

如果我们将自己的生命用在恐惧、犹豫、左右不定上，那么最终会一事无成。在任何时候、采取任何行动，我们都有可能犯错。但我们千万不能因为害怕出错，就止步不前。

成功者和失败者最主要的区别就在于他们的内心。

从“藏心术”的角度而言，一个人在犹豫不决的时候，最容易暴露自己。相反，不管任何时候，如果你能保持镇定，那么你就能更好地隐藏自己的内心。我们可以想一想，在生活中，那些被人称作是“有城府”的人，是不是都显得比别人要镇定许多？

李·艾科卡曾说，镇定是他在成功者身上找到的首要品质。正是因为处事冷静，这些人才一呼百应，不负众望。

事实上，我们所说的“藏心术”，并不是单纯掩饰自己内心的一种法门，更是一种让自己内心力量逐渐强大起来的训练方法。

藏心的关键，不在于外在的方法，而在于如何让自己的内心变得更强大。因为只有一颗足够强大的心，才能让你在任何时候都保持镇定，在此基础上，所有的方法、理论才能运用自如。

积极面对，别逃避

藏心的主旨在于隐藏自己的真实想法，或许很多人会因此认为：藏心是一种消极的、被动的心理状态。我们可以很明确地告诉大家，这种认识是错误的，恰恰相反，若想更好的藏心，其实需要你积极主动地去面对生活中的事物。

对于普通人而言，碰到一些紧急事件时，他的第一反应就是逃避，这是一种消极的心态。因为有了逃避之心，所以我们会变得惊慌失措，显得不镇定，从而更容易暴露自己的内心想法。所以，要想藏心，我们还是要积极面对，不能让自己的逃避心理轻易占据我们的思维。

也许我们都有过这样的体验，对于即将发生的那些“坏事儿”，自己心里常常惴惴不安，但是当这件事情已经摆在眼前，我们已经无路可退的时候，整个人反倒显得镇定从容得多。这就是面对的力量。当你下定决心去面对的时候，就意味着你已经接受了一切后果，你不会再逃避，所以你会更强大。

或许，我们只是在情势的逼迫之下，才不得不去面对生活中的一些突发事件。而“藏心术”，则要教会你用积极主动的心态去迎接生活中的一切艰难时刻。

为什么我们在预想未来时，总是觉得前路坎坷？为什么我们对未知事物总是充满恐惧？其实归根结底，就是因为你还未做好积极面对的准备。

当你学会积极面对的时候，你会发现，你拥有了镇定从容的心态。在这种心态的驱使下，你不会因为一些突发事件而显得惊慌，无论外界有什么样的变化，你都不会过早的暴露自己内心的负面情绪。

“可以确定的是，每一个 FBI 特工，都是生活的勇者。”这是 FBI 首任局长胡佛说过的一句话。

在胡佛11岁的时候，小胡佛做了一件出人意料的事情。一家人吃过晚饭后，小胡佛跑到自己的房间，拿出一张自制的报纸，发给全家人。

这张自制报纸上的内容是小胡佛自己收集的他认为重要的新闻材料，当时他向家里人宣布："我的每份收取一美分的报酬，你们都要订阅。"对于孩子的这个举动，胡佛的家人都十分支持，他的妈妈说："好的，我喜欢我们的小情报员收集的这些情报。"

小胡佛之所以这么做，是因为他喜欢收集情报。虽然当时的他可能还不知道，自己将成为世界上最大情报组织的掌门人，但是他依旧积极主动的为自己争取每一次"收集情报"的机会。

胡佛掌管FBI之后，这个"过分积极"的局长成了所有FBI特工的噩梦。他规定特工必须实行"强制性自愿加班"政策。

在胡佛的手下，特工被迫早晨7点就要上班，比一般的工作时间提前了两小时。这是一个常态化的规定，更是雷打不动的规矩。如果遇上工作需要，都会在凌晨2点的时候从温暖的被窝里钻出来去捕人，或者加班到清晨。

当时有些特工为了消磨时间，就到附近的咖啡厅去。那段时间，挨着FBI办公地点的咖啡馆生意出奇的好。

胡佛知道情况之后，十分生气。星期五这天，胡佛叫来自己手下的一个特工，对他说："今天你到咖啡厅去，只做一件事情，就是把在那里喝咖啡的特工的名字给我记下来。"

这个特工就照胡佛说的去办了。当他把这份名单交给胡佛的时候，胡佛心满意足地笑了。从此，这些人被相继以各种各样的借口踢出门外。胡佛常说："我对那些无所事事的人非常不理解，因为我总觉得我们每个人都有做不完的事情。"

正因胡佛的积极主动，FBI逐渐成为了世界上最有效率的情报部门之一。

胡佛的故事告诉我们一个道理，只有积极主动，才能将事情做得更好。这个道理，在藏心术中同样适用。

在你需要隐藏自己的内心时，积极与消极是成败与否的关键。

在你需要隐藏自己的内心时，积极与消极是成败与否的关键。你有没有信心去战胜自己内心的负面情绪，是你能否藏心的关键。

当你的上司不相信你的能力，你应该积极的证明自己，而不是整日愁眉紧锁，让人一眼就看穿你心中的不满和压抑。你和你的同事相处得不好，你应该积极地去尝试与他沟通，而不是避得远远的，让人家明显感觉你心中的疏远……

退让只能暂时逃避问题，并不能从根本上解决问题，出了这个圈子有可能会遇上更麻烦的问题。要想让自己变得更强大、更镇定，请学会积极面对。

人际关系的距离感

逃离反应在生活中多有体现，下面我们给大家叙述一下逃离反应的另一种表现——人际关系的距离感。

在人际交往中，心理上的距离会通过距离上的远近体现出来。这种意识其实和动物的领地意识非常相像，也是逃离反应的一种。

在人际交往中，心理上的距离会通过距离上的远近体现出来，这也是逃离反应的一种。

比如说，你和一个陌生人，理论上应该保持 3 米以上的距离（在公交车等场合除外）。如果这个人过分的接近你，你就会感受到威胁，产生逃离反应。对方若是你最为亲密的人，则不会产生这种反应。

美国人类学家霍尔博士将这种距离关系分为 4 层：

第一种距离叫公众距离。应该保持在 3.6 –7.5 米。也就是说，如果一个陌生人试图靠近到离你 3 米左右的距离，就会引起你的警觉，从而产生逃离反应。

第二种距离叫社交距离。这个距离是一般性的社会活动时所保持的距离，如办公、开会等，这时候人们应该保持在 1.2 –3 米之间。

第三种距离叫私人距离。这个距离是朋友、熟人或亲戚之间往来时常见的距离，这个距离应该保持在 0.45 –1.2 米之间。

第四种距离就是亲密接触。这个距离已经没有距离了，在至亲之间会得以体现。

不要小看人际关系中的这种距离感，事实上，它可以透露出许多东西。

FBI 特工在追查一起间谍案。他们接到一份情报称，间谍会在下午5点左右，出现在一家咖啡厅里。

在得到这个情报之后，FBI 特工马上意识到：这是个老手。对于新手而言，他们会尽量选择在人少的时候接头，以为这样不容易被人发现。但是真正的老手，却会选择在人多的地方接头，因为那里更容易隐蔽和躲藏。

为了找到这个间谍，FBI 决定在咖啡馆布下天罗地网。

下午5点时候，咖啡馆里已经是人声鼎沸。在这样的环境中，想找出可疑分子更是难上加难。

但是很快，FBI 特工就把目光对准了一对夫妇。这对夫妇在进门的时候手牵着手，显得非常亲密，在落座后，他们面对面的坐着，偶尔耳语几句，但是在说完话之后，却都是背靠着沙发的靠背，这是明显的距离感。FBI 特工马上判断出：这是一对假夫妻。对他们便留意起来。

果不其然，不久后，FBI 特工便找到了他们接头的证据，将二人拘捕了。

从以上案例我们可以得知，在大部分时候，人和人之间的距离感是一种心理上的默契，很难长时间的假装。这种人际关系交往的距离，很可能将我们的内心暴露出去。在很多时候，我们需要注意保持距离。

我们举一个简单的例子来说明问题，比如说，在一次同学聚会中，你的所有同学都在场，其中肯定有和你关系特别亲密的，也有关系比较一般的。这时候，如果你不注意对社交距离的控制，和那些关系好的表现得特别亲密，和其他人则显得有些疏远，肯定会给人厚此薄彼的感觉，引起不满。

所以，我们要藏心，有时候先要藏住我们和别人之间的距离。否则，很可能会引起一些不必要的麻烦。

当然，我们也可以通过距离的控制，来表达自己的一些情感。比如说你与恋人吵架了，仅仅是普通的吵架，并没有伤害到彼此的感情。但是你想刻意表现你很生气，以便让对方明白你的立场是非常坚定的。当然，这个生气是假的，你心里其实早就归于平静了，那么你如何才能掩饰自己的平静心情，假装很生气呢？

最好的方法就是刻意的保持距离。比如，在吃饭的时候，你坐的离对方远一点，并且不容许对方的筷子和你的筷子有触碰，那么就肯定骗过对方，让对方以为你还在生气。

也许大家读到这里会有所启发：原来那些最能暴露我们内心的种种线索，同样也是我们藏心的好方法！如果大家都能够领悟这一层，那么也算是对“藏心术”有所感悟了。

事实上，这世界上不存在任何绝对性的东西，藏心也是如此。在很多时候，“暴露”和“隐藏”是相对的，你完全可以通过给对方一些虚假的信息来更好地隐藏自己的真实想法。

逃避型人格的分析

现代心理学将习惯性逃避的人群，归结为逃避型人格。

在古代，那些不食人间烟火的隐居者，就可能是属于此类人格。对于现代人而言，想做一个隐居者恐怕非常困难，因为我们必须面对红尘俗世的纷纷扰扰，即便你不想，但是你别无选择。所以，逃避型人格在现代社会中，显得与世情格格不入。因此，即便你对生活有再多不满，对现实有再多无奈，你依然要藏住自己的逃避心理，积极地面对眼前的社会。

但是在现实中，对于许多逃避型人格的人而言，他们虽然不能选择隐居，可是往往关闭自己的心灵，不与他人亲密的接触，唯求自安。曾经发生过这样的事情：江苏南京有一位父亲，将自己的两个孩子“囚禁”在自己的家中，不让孩子和外面的世界有任何接触。父亲这样做的目的，是怕孩子被外界坏的东西所影响。可是，他这种古怪的想法断送了孩子的童年与青春，是一种犯罪行为。

逃避型的人，不敢面对外界社会，也同样不敢面对自己的心灵。所以，这种逃避带有强迫性、盲目性和非理智性等特点。因此，逃避型人格如果发展到最后，对于人是有害无益的。只有克制和隐藏自己的逃避心理，才能更好地融入到社会中，取得一定的成就。

FBI 心理学专家霍妮认为逃避型人格有以下特点：

（1）因为别人的批评和反对意见而深受伤害；

（2）除了自己的亲人之外，没有或很少有交往密切的朋友；

（3）除非他们确定自己受到别人的欢迎，否则不愿意介入到别人的事情中；

（4）对正常的人际交往和社交活动尽可能的逃避；

（5）在社交场合显得沉默寡言，尤其害怕别人的评价；

（6）在做那些普通的但不在自己的常规之中的事时，总是夸大潜在的困难、危险或可能的冒险。

霍妮认为，只要满足以上特征中的 4 项，那么就可以断定一个人属于逃避型人格。

逃避型人格最大的特点是普遍地疏远他人，甚至有对自我的疏远，他们对自己都持旁观态度，这与他们总的生活态度是一致的。他们的内心还有一种有关键意义的需要：在自己和他人之间保持感情的距离。更精确地说，他们有意识和无意识地作出决定，不以任何方式在感情上与他人发生关联，无论是爱情、争斗、合作、还是竞争。

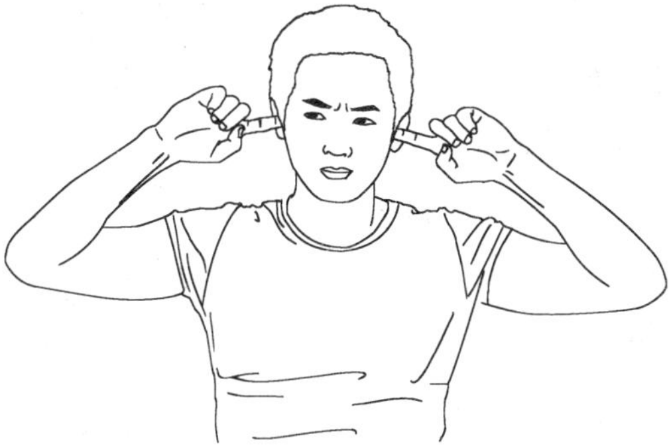

逃避型人格最大的特点是普遍地疏远他人，甚至有对自我的疏远。

当然，逃避型人格也并非没有好处，拥有逃避型人格的人，往往是细腻的内心观察者，显得独立而有主见。但是，在当今社会，如果一个人不愿意与别人协同合作，那么会遇到很大的困难。而且，从藏心术的角度来讲，逃避型人格的人往往不能克制自己对于集体和他人的恐惧，所以极容易被他人看穿，对藏心是极为不利的。

拿破仑出生在一个没落贵族的家庭。当时，他的家族已经穷苦不堪，但是他的父亲还是把拿破仑送进了地处布里恩的一所贵族学校。在这里，拿破仑的同学都是一些富贵子弟，他们经常夸耀自己家庭的富有，嘲笑拿破仑家庭的贫穷。拿破仑的自尊心被深深地刺伤了。

终于，拿破仑实在忍不了了，逃离这里。他给父亲写了一封信，信上说："我始终忍受着别人的嘲笑，他们无时无刻不在向我炫耀他们的金钱，讥讽我的贫困。父亲，难道我在这些富有而高傲的人面前永远只能谦卑地活下去吗？"

拿破仑的父亲回信写道："诚然，我们很贫穷，但是你必须在那里把书念完。"

无奈之下，拿破仑在那所学校坚持了5年，经受了长期的折磨。但是那里的每一次嘲弄、每一次欺侮、每一次轻视的态度，都使他坚定了改变命运的决心。既然无法离开这里，那么只有试着改变现状，他要让那些嘲笑自己贫穷的人看看，他确实比他们优秀许多。拿破仑没有任何的空口自夸，只是在心里暗暗地计划着，决定把这些没有头脑而又傲慢的人作为通向权力、财富和名誉巅峰的桥梁。

到了16岁，拿破仑成为法军的一名上尉。也就在这一年，他的父亲去世了。拿破仑不得不从他微薄的薪水中抽出一部分来供养他的母亲。在军队里，拿破仑发现很多人把空余的时间都用在追求女人和赌博等事情上。拿破仑身材矮小，不讨女人喜欢；经济拮据，也没有钱拿来赌博，所以拿破仑显得很不合群。形单影只的拿破仑选择到图书馆打发时间，这使他获益匪浅。

拿破仑漫无目的地读一些杂乱无章的书，并不是以读书作为消遣的方式，而是把读书作为实现自己理想的途径。他决心将自己的才干与能力展现给世人，并把它当作自己选择图书类别的指引。在图书馆的时光里，他把自己想象成一个总司令，描绘出了科西嘉岛的地图，并在地图上标明应当布置防范的地方。他用数学方法对所有的一切进行了精确的计算，他的数学才能也由此而得到了发展。

拿破仑的努力使他的能力有了很大的提高，他的长官发现拿破仑与众不同，决定把操场上一些极复杂的计算工作派给他做。他漂亮地完成了这些工作，于是又获得了别的机会。

就这样，一切情形都因此而改变了。从前嘲笑过他的人，现在都簇拥到他周围，想从他的奖金中分得一点；从前轻视他的人，现在也都希望与他成为朋友；以前贬低他矮小、无能、死用功的人，现在都对他表示尊重。他们都变成了他忠心的拥戴者。

后来，拿破仑回忆这种转变时，感叹说："我经历了很多困难，但是我没有逃避。我决不会失败，除非我确信自己已经不敢去面对了。"

如果想控制自己的逃避心理，就需要从自身出发做出努力。由于具有逃避型人格的人大多伴随着认知歪曲现象，所以，想要改善自己的逃避型人格，就必须扭转自己的认知歪曲。

对于逃避型人格的人而言，他们的认知歪曲经常表现在以下几个方面：

（1）经常会认为自己必须出类拔萃；

（2）认为无论做任何都必须谨慎小心；

（3）认为这世界上没有谁值得相信，所以认为朋友可有可无；

（4）尽量少介入他人事务，以免麻烦；

（5）要求自己必须高效，对于金钱的利用尤其是如此。

从心理学的角度来看，扭转认知歪曲最好的办法就是“反向观念法”，就是指与自己原有的不良自我观念唱反调。

比如说，对于大部分逃避型人格的人来讲，他们多是以自我为中心，所以应该逐渐放弃自己的这种心态，学习设身处地为他人着想。原来爱走极端，现在则学习从多方位考察问题。原来喜欢超规则化，现在则应偶尔放松一下，学习无规则地自由行事。

通过反向观念法，我们应把这些歪曲的认识改变为：

（1）我希望出类拔萃，但是我也不能排斥眼前的平庸；

（2）我必须做事谨慎，但是也不能完全提心吊胆；

（3）虽然获得知音的可能性比较小，但是我不能拒绝交各种各样的朋友；

（4）不管他人闲事，但他人有难，我当尽力相助；

（5）我希望自己办事高效率，即使效率不高，做总比不做好。

采用反向观念法克服缺点，就需要通过自我认识的方法来执行。先按照上面的方法找出自己的错误，然后再提出相反的改正意见，也就是更新自己的关键。

在生活中，我们需要照着自己的新观念去指导自己的言行。这种自我分析我们要有计划有步骤的进行，几天一次或一星期一次，也可以在心情不好或屡遭挫折之时进行。认识上的错误往往是无意识的，通过上述自我分析，就可把无意识的东西上升到有意识的自觉层次上，这有助于改进不良心理状态。

但是，想要矫正逃避型人格并不是一件非常容易的事，需要你做出持之以恒的努力。你可以给自己安排一个具体的矫正计划。

比如说，如果你不愿交朋友，就必须给自己制定一个交朋友的计划。起始的级别比较低，任务比较简单，以后逐步加深难度。你先从和熟悉的人聊天开始，然后逐渐学会和陌生人正常的交往，最后找到属于自己的朋友。

这看起来非常容易，但认真做起来并不是一件轻松的事。你最好找一个监督员，让他来评定你的执行情况，并监督你坚持下去。最终，你会扭转自己的逃避型人格，做到更好的藏心。

第四章
这是我的！——避开对事物的占有反应

我们都有占有欲，我们都想占有更多的资源。但是，过度的占有，却往往让我们乱了方寸，丢掉了淡定，也更容易暴露自己的负面情绪。因此，我们若要藏心，就需要克制自己的占有反应。

在本章，我们将引入一个新的词语“领地感”。所谓领地感，就是一种占有反应的表达方式。通过对领地感的叙述，我们将对自己的一系列行为有更深的理解，也能从根本上了解自己，更善于藏心。

对领地的确认

首先，我们来谈一谈什么是“领地”。

所谓领地，其实是一个界限，在这个界限中，人拥有绝对的主动权，比如“家”。每个人在自己家里都能“为所欲为”，这是因为，“家”就是每个人所拥有的“领地”。

所谓领地，其实是一个界限，在这个界限中，人拥有绝对的主动权，比如“家”。

FBI人类行为专家奥尔特曼认为，领地是彼此排他的、独占的使用区域。这也就是说，一个人对自己的领地有天生的控制欲和占有欲，不愿轻易与他人共享。在有人未经同意就闯入到我们家里的时候，我们会产生敌意，就证明了这一点。

领地有3个层次：主要领地、次级领地和公共领地。

主要领地就是那些被个人或是集体长期占有的一个区域，而且被所有人共同确认。这个领地是使用者生活的中心，比如说我们的家、老板的私人办公室。

次级领地就是指那些不被人长期占有的地方，比如说酒吧、教室里的座位等。

公共领地就是指一切公共场所，如电话亭、公交车。

领地感最终会上升为心理问题，一个人如果能够拥有一个可以调节私密性和自由控制的地方，那么对身体健康是非常有好处的。如果一个人发现自己没有能力维护自己的领地时，将会产生非常严重的心理问题。

像 FBI 专家所说的那样，那些领地感强的人，对于别人入侵自己的领地是非常敏感的。在生活中，我们中的某些人可能会对门铃声非常敏感，这就是领地感的一种体现。

人人都有领地感，但是如果领地感过于强，那么就会使人的占有欲变得非常强，这就是我们所说的占有反应。

一个领地感非常强的人，在认为自己的个人空间不能满足自己的需求时，他的占有反应会被激起，这时人会变得贪婪、不知满足。这无疑会成为一个人心理上的弱点，非常容易被他人看穿。

意大利艺术家米开朗基罗的雕刻作品“大卫像”是他最为成功的作品之一。当大卫像刚刚雕刻好的时候，一个负责审查艺术作品的官员就表示对这座雕像很不满意。

米开朗基罗问这个官员：“您看我的雕像有什么地方不合适吗?”

“恩，依我看啊，这个雕像，从整体上看，就是鼻子不好。”这个官员明显不懂雕塑，但为了维护自己的“官威”，还是无中生有的挑麻烦。

米开朗基罗明知道官员的所谓“修改意见”是不可行的，但还是一本正经地说：“是吗?”然后还站在雕像前看了一下，大叫一声：“可不是吗？鼻子是大了些，我马上改。”说着就拿起工具爬上架子，叮叮当当地开始修改。

随着米开朗基罗的凿刀，掉下许多大理石粉，那官员只得躲开。过了一会儿，米开朗基罗“修”好了，他爬下架子，请那位官员再去验收：“您看这回怎么样?”官员看了一下，非常高兴地说：“这样就好多了嘛。”

其实，米开朗基罗刚才只是偷偷抓了一小块大理石和一把石粉，到上面做个样子罢了，雕像还是原来的雕像，一点都没有改变。

故事中这个官员的无理要求，其实就是领地感在作祟。他认为在自己的领地上，别人应该无条件地服从自己，而米开朗琪罗则看穿了他的这种心态，捉弄了他一番。

由此可见，一个人的领地感，确实会被别人所利用、所愚弄。所以，我们想要藏心，就要学会控制自己的领地感，不能让领地感泛滥成明显的占有反应，那样只会让我们的负面心理滋生和暴露。

领地感其实是一种与生俱来的心理。我们经常可以看到一些小孩，虽然心智还不是很成熟，但是谁要想从他家里拿走一点东西，都会表现出不满，就是领地感的一种体现。作为一个成年人，我们当然不能像孩子那样随性的表露自己的情绪。所以，应该学会隐藏和克制自己的占有反应。

领地的建立

在本节，我们将主要谈一谈领地感的表达方式。

对于不同人群来讲，领地感的表达方式也是不同的。从性别上来讲，女性比男性更能容忍比较亲密的距离，男性对别人接近自己领地的忍受性要比女性更低。而且，男性在遭遇别人入侵领地的时候，更容易产生恐惧，这恐怕是一般人所不知道的。

除了性别因素之外，领地感也受到人格因素的影响。一个人的人格特征决定了他的世界观，人格特征也反映在空间行为上。对于那些性格内向的人来讲，他们所需的个人空间要比外向的人更大。

正因为领地感的表达方式体现在个人身上有很多的不同，所以有些领地感表现得很突出的人，就更容易暴露自己的内心。

FBI 正在试图瓦解一个恶性犯罪组织。这个犯罪组织的头目非常狡猾，他有很多藏身之地，关于他犯罪的具体证据——组织的名单，肯定是藏在他最放心的一个地方。

FBI 不能贸然出动人马去搜查他现在所居住的地方，因为一旦没能发现证据，那么就会打草惊蛇，以后想要找到那个名单就更难了。

可是，他到底将这个关键性的东西藏到哪个地方呢？谁也不知道，FBI 的调查一时陷入了僵局。

这时，一个刚刚被 FBI 征召的年轻特工主动要求：由他去调查名单的真正位置。

当时许多老特工都不相信，这个初出茅庐的年轻人能完成这一任务。但是他们也没有什么好办法，只好把这个重任交给了他，权当是死马当作活马医。

这个年轻人信心满满的接受了任务，去着手调查了。

3 个月后，年轻特工向指挥部报告说："我已经查清了证据所在地。"随后，大批 FBI 特工出动，在年轻特工的指引下搜查了头目的一处居所。在那里，他们果然发现了犯罪组织的犯罪证据。

事后，许多 FBI 的前辈问这个年轻特工："你是如何发现证据真正的藏身地?"

年轻特工说："我花 3 个月跟踪他，发现他虽然有很多藏身之地，可是只有在回到我们最后搜查的那个家中时，才完全体现出他的领地感。当时我化装成一个邮递员，突然进入他家里时，他所显示的状态不是惶恐，而是表现出极强的敌意，那是属于一种捍卫自己领地的状态。

我由此判断出，这里才是他真正的家，也是证据真正的藏身之所。”

在这个案例中，年轻的FBI特工正是利用了犯罪组织头目的领地感，从而判断出他真正的家到底在哪儿。由此可见，领地感和占有反应的过度表达，会暴露一个人的内心。

其实，在生活中，每个人的领地感都会通过种种方式表达出来。威斯汀把领地感分为3种形式：独处、亲密、匿名，它们分别会在不同时间、不同情境出现。而且这3种领地感形式过度表达的话，会暴露人的不同心态。

领地感的第一种表达方式是“独处”，就是一个人在自己的领地内，希望把自己与其他人分隔开，或者避免被他人观察到的状态。这种状态如果过度表达的话，就反映了这个人内心的不安全感，也证明他有一定的社交恐惧。

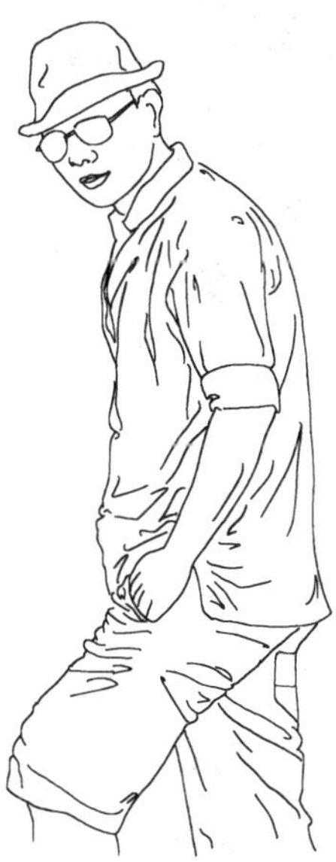

有些人在公众场合不喜欢被别人认出来，这体现出一个人内心的不安全感。

领地感的第二种表达方式是“亲密”，比如说他在和亲人、朋友、配偶相处时，不愿受到外界干扰。这其实是一种占有欲的典型表现。

领地感的第三种表达方式很特殊，是“匿名”。在生活中，有些人喜欢隐姓埋名或乔装打扮，即使在公众场合仍然不被别人认出的状态，这体现出一个人内心的不安全感。

如果一个人在自己的领地中，比如说一个老板在自己的公司里，他的一举一动都似乎和平时不一样，这些动作其实暴露了他的某些心理。现在我们试举几例：

（1）老板在说话的时候根本不看对方，目光涣散或者是瞧着别的地方。这是一种比较坏的征兆，意味着老板对对方的能力很轻视，或者是并不看重这个人。

（2）在自己领地内，支配欲比较强的老板喜欢从头看到脚，由上至下地看人。这种人为人也很自负，他的权威不容侵犯。

（3）他的眼睛一直盯着对方，这意味着他对对方还不够了解，或者是对对方刚才说的话并没有完全理解。

（4）他目光尖锐，面部表情变化无常。这是在暗示对方：“你小子要对我说实话，你的谎言我很容易就戳穿了！”

（5）他双掌合十，从上往下压，身体起平衡作用，这证明他情绪比较平静。

（6）他双手叉腰，肘部向外撑，这表明他要做决定了，而且是不容置疑的决定。一般来讲，他们在遇到具体的权益问题时，才会不自觉地做出这样的姿势。

（7）他坐在椅子上，将身体往后靠，双手放到脑后，双肘向外撑开，这固然说明他此时很轻松，但很可能也是自负的意思。

（8）在谈话中他用食指指指点点。这是个极端不好的信号，这意味着他有极强的好胜心和斗争欲望。

（9）双手放在身后互握，也是一种优越感的表现。

（10）他拍拍下属的肩膀，这意味对下属的承认和赏识，但只有从侧面拍才表示真正承认和赏识。如果从正面或上面拍，则表示小看下属或显示权力。

（11）他们在手指并拢，双手构成金字塔形状，指尖对着前方，则表示他不同意。

（12）当他把手捏成拳头的时候，这不仅仅是代表他要保持自己的强势，也表示要维护自己的观点。如果用拳头敲桌子，则意味着已经听不进任何意见了。

这些都是一个人在自己领地内经常会出现的一些小破绽。正因为领地感能够体现出一个人的许多心理状态，所以我们若想藏心，就必须要学会克制自己的领地感，以避免被人看透自己。

以上，我们用两节的篇幅，为大家解释了关于领地感的一些知识。接下来，我们会全面阐述领地感所导致的两种负面心态——占有欲和控制欲。

克制你的占有欲

极强的领地感，会最终转变为强烈的占有欲。

占有欲是一种普遍的心态，我们不能说占有欲一定是贬义的，但可以确定的是，当一个人的占有欲变得盲目的时候，就会超出理智的范围，成为一种有害的心理。而由领地感所导致的占有欲，则更容易转变成这种负面心态。

在生活中，我们经常可以看到，那些占有欲强的人，因为自己不择手段的占有，导致自己陷入困境甚至身败名裂。

2001 年，FBI 决心将一个为害多年的黑社会组织剿灭。FBI 在经过一番调查之后，发现这个黑社会的头目非常狡猾。他投资房地产、旅游业，从明面上看，他所做的一切，都披着合法的外衣。FBI 虽然明知道他在秘密从事犯罪行为，但是苦于没有证据，无法对他下手。为了引蛇出洞，FBI 决定给他下一个圈套。

当时，在这个黑社会组织的控制范围内有一家新近建成的大酒店。这家酒店极为豪华，而且位于黄金地段，前景可观。FBI 知道，这个黑社会的头目不允许自己的势力范围内有强力的竞争对手，他一定会想办法得到这家酒店。所以 FBI 故意派出自己人，去和这个头目竞争这家酒店的所有权。

黑社会头目很快就知道，有人想和他抢购这家酒店。卧榻之侧岂容他人鼾睡？黑社会头目决心出更高的价格买下这家酒店。但是他发现，无论自己出多高的价格，对方总是要比自己略高一筹。黑社会头目意识到，“对方”财大气粗，而且是势在必得。如果按照一般情况来讲，他完全可以放弃和对方的竞争了。但是一想到自己的势力范围内有别人要和自己抢风头，他就有抑制不住的冲动。所以他决心采取非常手段来获得这家酒店。

当 FBI 将这名黑社会头目派出的杀手抓获，并且顺藤摸瓜找到他的时候，黑社会头目才知道自己上当了，只得伏法。

占有欲是一种普遍的心态，当一个人的占有欲变得盲目且极度热烈的时候，就会成为一种有害的心理。

在这个案例中，黑社会头目之所以露出马脚，就是因为他对自己“领地”内的事物表现出了过强的占有欲。引用这个案例，我们只想说明，占有欲会出卖一个人的内心，甚至会让人偏离自己的人生观和道德观。

事实上，占有欲过强，不仅容易让人迷失自己，而且还会被人拿来利用，反而让人失去更多。

1985年9月，乔布斯离开苹果公司。他用变卖苹果股票的钱重新开了一家公司，叫NeXT。很明显，乔布斯希望新公司能延续自己的“赢”哲学。

在NeXT，乔布斯变本加厉的奉行自己在苹果的那一套：赢、赢、赢，什么都要赢！在“NeXT Computer”（NeXT推出的第一个产品）上，乔布斯要求用最好的原材料、最高规格的配置、最好的工艺，生产最好的产品、卖最高的价钱、占领最大的市场。最夸张、甚至荒唐的是，乔布斯在电脑电路板设计上，居然要求布局要有艺术感——他要在方方面面都打败当时PC市场的老大和被他搞得半死不活的老东家苹果。

结果，占有欲过强反而成为乔布斯前进路上的一个重大障碍。他想让自己的产品占尽先机，占尽一切有利条件，尽管他也成功地把FBI这样的冤大头忽悠成为自己的客户，可是在近10年的时间里，NeXT产品的总销量不超过5万台。

太尴尬了！太丢人！如果说当年的苹果是乔布斯创造的IT界神话，那么NeXT就是乔布斯制造的IT界笑话。

乔布斯开始反思，到底是哪儿错了。最终，乔布斯想通了，症结就出在了“占有欲”上面：自己什么都想要，反倒成了彻头彻尾的输家。

乔布斯从执迷于“赢”哲学到顿悟，这个过程花了多长时间？10年！这时的乔布斯已经不是当年那个帅小伙，而是脸上爬出皱纹的小老头了。

1997 年 7 月，乔布斯重回已经是满目疮痍的苹果。当时乔布斯做了一件大事，就是和微软的比尔·盖茨和解。

当初，比尔·盖茨的微软只不过是抱苹果大腿的一个小弟。但是，苹果的盛气凌人把微软一步步的推向了自己的竞争对手 IBM 那里，并和 IBM 共同狙击苹果，从此苹果一蹶不振。可以说，微软算得上是苹果的老冤家。而且在乔布斯的眼里，比尔·盖茨就是一个贼，因为微软赖以起家的视窗系统实际上是抄袭苹果的麦金塔的图形界面。

但是，乔布斯和比尔·盖茨握手了，言和了。这标志着乔布斯的“赢”哲学彻底被遗弃了。

现在，乔布斯的苹果是什么？是大家有钱一起赚。这就是一个人根除占有欲的好处。

当然，我们之所以在这样一本介绍“藏心术”的书中，提及有关占有欲的问题，除了因为占有欲往往让我们走向失败，更重要的是，在人际交往中，占有欲也会时常表现出来：有些人经常想将另一些人“占为己有”。

这种人对人的占有欲，听起来似乎不可思议，但是在现实生活中，我们经常可以看到由占有欲产生出企图控制和占有对方的行为，这在爱情、亲情中最为常见。而人和人之间的占有欲，往往是导致感情分裂的重要原因。

在人际交往时，人需要克制自己不理智的占有欲。否则，你的自私和强势将被别人看在眼里、记在心里，成为别人防备你的理由。

关于占有欲，我们只能说：人不能完全没有丝毫占有欲，但是也不能让不理智的占有欲占据我们的内心。

最后要说的是，藏心的关键，在很多时候不仅仅是隐藏，更重要的克制。我们的负面情绪和负面品质，都需要我们去克制。这才是藏心术的全部。

别让控制欲暴露你

同占有欲一样，控制欲也是人的本能，从心理上讲：人之所以会产生控制欲，是因为内心的恐惧。

人在本质上是孤独的，因为孤独，所以我们害怕失去那些陪伴自己的东西，因而产生了控制欲。妻子希望能够控制丈夫的动向，母亲则习惯于控制孩子的行为，上司更是渴望洞悉员工的心思，这些都是控制欲的表现。

人在本质上是孤独的，因为孤独，因而产生了控制欲。

所有控制欲的起因都是一样的，但是控制的方法却呈多种状态：威胁、诱惑和奖励。

在生活中，经常看到一个人揪住对方曾经犯过的错，用来威胁对方，为的就是造成对方的负罪感和恐惧感。还有人千方百计的对一个人好，一旦发现对方做了对不起自己的事，就会说：“我对你那么好，你怎么那样没有良心……”这两种做法的根源其实都是控制欲，都是想控制对方。

著名的“洛克杀妻案”，就是控制欲太强导致的恶果。

1993年，警方为了破获一起杀人案，不得不求助于FBI。FBI在接手案件之后，马上就搞清楚了这起杀人案件的始末：

某一天，一个叫洛克的男人来警局报案，说自己的妻子在家中被杀。警方经过一番调查，始终没能找到杀害洛克妻子的真正凶手。

当时FBI特工问警长：“会不会凶手就是洛克本人？”

警长回答说：“我们一开始也有这方面的怀疑，但是经过调查发现，洛克和妻子的感情非常好。我们也请测谎专家审讯过洛克，测谎专家认为，洛克在审讯的过程中始终显现出极度悲伤的情绪，他根本没有杀害妻子的理由，所以我们便将他排除在外。”

听到警长的这番话之后，FBI特工也开始相信：洛克是无辜的，杀害洛克妻子的另有其人。

为了搞明白洛克妻子生前有什么仇人，FBI到电信部门找到洛克妻子生前的一些电话录音。其中，洛克打给妻子的一个电话让FBI特工对洛克再次产生了怀疑。

洛克妻子：亲爱的，我今天晚点回去。

洛克：你要去哪儿？

洛克妻子：我们公司今天开晚宴，所有人都必须参加。

洛克：那好吧，晚宴结束之后我开车去接你。

洛克妻子：不用了，我自己回去就可以了。

洛克：不，我必须去接你。

洛克妻子：好吧。

从这段电话录音中，FBI特工判断：洛克是个控制欲非常强的人，所以他完全可能因为妻子在某些地方超出了他的控制，一怒之下杀死妻子。所以FBI特工开始从这个方面着手调查。

真相在几天之后终于浮出了水面，洛克正是杀害妻子的真正凶手……

以上的案例正是控制欲产生祸害的最好证明。一旦谁成了一个控制者，他就会越来越弱，越来越紧张、恐惧和绝望。在这种负面情绪的影响下，人很容易做出一些不理性的事情。

人可以有期待，但是不能处处想着去控制别人，我们要克制自己的控制欲。因为有控制欲的人，永远处在不安全之中。若想让自己的心变得安全，我们需要坦然接受事实，努力控制自己的情绪，接纳所有的问题。

人除了对至亲有控制欲外，也会对其他人产生控制欲。人人都想成为领导，都想管别人，这也是控制欲的体现。

美国著名谈判专家罗杰·道森曾经遇到过这样一件事情：

有一次，他去参加一家公司的商务宴请。当时他和这家公司的总经理坐在一起，高高兴兴地聊天。

突然，一个地区经理怒气冲冲地走过来对总经理说："我不知道公司是怎么想的，我们部门最优秀的一个提案居然没能获奖。我手下的伙计们为了这个提案付出了所有的心血，我以后还怎么激励他们？"

总经理见对方如此无礼，立马就针锋相对地回应道："那是因为你们的报告晚了整整7天，你明白吗？"于是两人吵了起来。

两个人针对一个简单的问题居然一吵就是20多分钟，到最后两个人已经完全失去了理智，争论的焦点也早已偏离了问题本身。

这时候道森看不下去了，他站起来对那个总经理说："区域经理是想获得一份奖项，你能给他吗？"

总经理正在气头上，说："这绝无可能。"

道森耸了耸肩，对区域经理说："既然奖项已经拿不到了，如果总经理能亲自慰问一下你的员工，可以吗？”

区域经理说：“如果不能得奖的话，这样也倒是可以。”

道森对总经理说：“区域经理已经做出了妥协，你是不是也能够让一步，满足这个要求呢？”

总经理当即表示同意，一场无意义的争吵就在彼此的妥协中结束了。

事后，道森说：“在你真正决定和对方争吵之前，不妨先做出妥协，相信许多不必要的麻烦就会因此消失。”

这个故事中的两位公司领导就是控制欲的受害者，因为控制欲的影响，他们失去了最简单的理性判断力，所以才会影响到公司内部的团结。其实，抛开控制欲去思考问题，你往往会发现：事情原本很简单。

从心理学的角度来看，控制欲是弱者的心理，是一种示弱的表现。控制欲常常会破坏自己和他人关系，形成负面效应。所以，一个善于藏心的人，应该学会控制自己的控制欲。

事实上，所谓“绝对控制”，是不会实现的。因为没有一个人会被另一个人真正地控制住。那些看起来被“控制”的人，其实也是被控制者为了某种需求的妥协。

比如“妻管严”，看起来是被妻子控制了，但事实上他不过是想维护自己的家庭。如果有一天他不想要自己现在的家庭了，那他一定会摆脱控制。

对于有控制欲的人来讲，控制欲带给他们的也大多是痛苦和焦灼。比如说恋爱中的两个人，拥有控制欲的一方会因为另一方的一举一动而感到焦虑，这对于个人、对于爱情，都没有什么好处。

所以，你如果是一个有控制欲的人，一定要学会藏心，克制自己的控制欲，至少也要将控制欲隐藏在心里别表达出来，否则将带给自己和对方无尽的苦恼。

用安全感替代领地感

我们不止一次提到，人之所以会有领地感、控制欲和占有欲等负面心态，就是因为心中缺乏安全感。所以，我们若想藏住自己心中的这些负面情绪，就要学会重新调整自己的心态，让自己更富安全感。

詹姆斯和霍华德都是FBI的精英特工，他们都有可能在不久之后获得晋升，成为FBI地区负责人。由于地区负责人的职位只有一个，而现在却有两个候选人，所以，FBI总部必须在这两个人中间做出取舍。

不久之后，这两个人就接到了总部派给他们的新任务。此次任务十分艰巨，詹姆斯和霍华德心里也清楚，这可能是上司给他们的一次考验。谁如果能够顺利完成任务，谁就可能获得晋升的机会。

詹姆斯在接到这个艰巨的任务之后，觉得自己似乎并没有能力做得比霍华德好多少，心里难免有些惴惴不安。但是为了让上司和下属觉得自己完全能胜任眼前的工作，他开始表现得像一个新加冕的国王，用一意孤行甚至言过其实的行为，来隐藏自己的不安全感和自我怀疑。

由于詹姆斯以前习惯于孤军奋战，没有管理一个团队的经验，所以虽然他表现得很强势，依然不能很好地将任务进行下去，遭遇了许多挫折。从此，他的不安全感变成了对失败的恐惧，他的沮丧变成了好斗和攻击。

与詹姆斯相反，霍华德则采取了一种截然不同的方式。对他来说，获得上司的赏识不过是自己人生路上的又一次前进。他马上调整了心态，将精力集中于全新的目标上。他开始着手组建属于自己的团队，想方设法提高团队的士气，开发团队中尚未展示出的才华。不久之后，他便顺利地完成了任务。

最终，霍华德获得了晋升。

这个案例中的两位 FBI 特工，之所以有不同的表现，其实还是要归结为心理控制的作用。每个人都有目标追寻功能，所以当一个人朝着目标专注前行时，内心才会真正强大。这就和我们骑自行车一样，只有在前进时才能保持平衡、镇定和安全感。如果止步不前，就会因失去平衡而摔倒。

领地感其实就是一种止步不前的表现。当一个人将所有的注意力都放在自己已经获得的领地上时，他就失去了开拓新领地的东西。因此，他才会对现有的这块领地如此在意，这是因为他没有进一步追逐的勇气，更害怕失去自己所得到的一切。归根结底，这些人的内心其实是充满懦弱和恐惧的。

那些有安全感的领导，他们关心做哪些该做的事，胜过关心其他一切事情。

在现实中，那些有安全感的领导，总想将那些比自己更聪明、更能干，往往也更老到、经验更丰富的人招至麾下。但是那些没有安全感的人，总是不喜欢用能力比自己强的下属。

为什么呢？因为有安全感的领导人无时不在发愤图强，关心做哪些该做的事，胜过关心其他一切事情；而没有安全感的领导人则更关心表面现象，而且害怕显露出任何脆弱或无能的迹象。

由此，我们也可以得出一个结论：藏心术的关键，在于强大自己的内心，丰富自己的手段。

言归正传，让我们把话题再次转移到“安全感”上。从心理上讲，如果不再高高在上，而是放下架子，你就会觉得更安全，也能更好的隐藏自己的内心。因此，你要摒弃超出理智范围的领地感。

领地感意味着故步自封，意味着止步不前，更意味着深藏内心的恐惧。我们之所以要摒弃领地感，不仅仅是因为领地感所导致的占有欲和控制欲会直接暴露我们的内心，更是由于领地感让我们的心灵更虚弱，让我们没有安全感，这对藏心是大大不利的。

机关算尽最容易暴露内心

在这个现实的社会，有些人为了种种原因，参与到这种你争我斗的大染缸中，认为只有不断地去争才能获得生存的空间。其实，从根源上讲，争夺生存空间的斗争就是围绕着领地展开的争夺。

追逐生存的空间是没有错的，如若天天紧绷神经，只想着为蝇头小利争斗，不但辛苦，而且得不偿失。更有甚者，为了自己的利益想着用诡计去陷害更多的人，去树立更多的敌人，这就是占有反应发展到最后的负面体现了。

这世上谁也不比谁傻，所以，一个人若是机关算尽，就算伪装得再好，也迟早要被别人看穿。因此，在占有反应中，我们应该处于“防守”的地方。

何为防守型的占有？如果我们用阴谋诡计整人是进攻的话，那么保护自己更好的生存就是防守。一个人如果只重视与人斗争，老是想着去进攻的话，那么他的生存环境必然很糟糕，他身边到处都是敌人，而他在斗争的过程里，一定都是破绽。

为了自己的利益想着用诡计去陷害更多的人，这就是占有反应发展到最后的负面体现。

不可否认，有时候为了生存，不得不去争斗，但是如果换种方式能获取更大的发展空间，又何必把时间和精力浪费在无谓的争斗上？人的第一要素永远都是生存，但靠要诡计去生存确实极具风险，甚至得不偿失。

“印第安斧”杰克，是一个众所周知的“精明人”。他从事犯罪活动多年，引起了FBI的注意。

杰克也感觉到，自己已经被盯上了，所以他不敢轻举妄动。一时间，FBI拿他也没办法。但是FBI知道，让这样的人在社会上多存在一天，都是一个极大的风险，所以他们决定引蛇出洞。

首先，FBI派特工化装成来自巴西的雪茄生产者，与杰克碰面。他们告诉杰克，自己手中有一大批质量上乘的雪茄，希望找到买家。

杰克知道，自己如果能买下这批雪茄，那么将获得非常大的利益。

但是由于对方手中的雪茄数量非常多，所以靠他自己的财力还不能将这批雪茄全部拿下。

眼看到手的鸭子要飞了，杰克坐不住了，他决定用阴谋诡计来夺取对方的货物。他先是派自己的手下悄悄地查明了对方货物的储藏地，而后又开始组织人马，企图用暴力抢夺这批雪茄。

这一切，都被 FBI 尽收眼底。等杰克行动时，才发现自己已经被 FBI 和警察包围了。精明的“印第安斧”杰克，就此落网。

斗争有时候是一个快捷的发迹方式，但这种方式要付出的代价太高，而且风险极大。有些人自诩为高手，可以轻而易举地想到斗垮别人的方法，他们在这方面是富有才华的，可以在战斗里壮大自己。有些人出手 100 次就可以成功 100 次，数不胜数的竞争对手被他们打压。他们看似取得了成功，但不要忘了，做这一切的基础是什么，那就是你依旧生存在这个社会中。只要你还在这个社会里，那么你的计谋就会被人看破，到时候，你失去的就是在社会中生存的资本。

也就是说，就算你可以成百上千次地用诡计来打击对手，并踩着一个又一个的人往上爬，可只要所有人都看穿了你不是一个“厚道人”，那你就完蛋了。你以前的敌人，就会像闻到血腥味的鲨鱼一样，蜂拥而至。到那时，你会被人痛打落水狗，以前你对别人所做的一切，都会加倍得到惩罚。所以，在你每次使用完计谋后，你的敌人就会增多，你的形象也就会受到损害。

如果说斗争只是生存的一小部分，那绝大部分时间该怎么度过呢？最好的建议是装傻，当然这不是让你出洋相，而是让你精明的装傻。有一种人被称为“大智若愚”，他们之所以表现出“愚”，是因为他们很好地隐藏了自己的渴望和情绪，这才是真正的藏心高手。

一个大智若愚的人知道什么时候该听见，什么时候不该听见。他知道什么时候该做事，什么时候该放弃。他不是不知道派系争斗，但他总能避过各种打击。他是不会随便站队的，但很奇怪，所有人都对他很好。他没有很多知心朋友，可是所有人都和他不错，在出问题的时候都会替他说话。他并不介意做多少活，他有时候会帮你做事情，但很可能做不好。不过当事情很重要时，他总能顺利完成。他是不会去跟别人斗的，在别人眼里，他也没有斗的价值，所以他是安全的。

当所有的势力争夺不下时，大智若愚的人总是各方利益博弈的均衡点，所以他才是最大的受益人。这样的大智若愚，是最容易成功的。

无谓之争要不得

占有并没有错，每个人生活在这世界中都要去占有一些东西。但是不加控制的占有反应，却将我们带入了另一个误区——费尽心机去占有那些可有可无的东西。事实上，在生活中，我们很多时候都是在无谓地去争。争赢了，得不到任何好处，反而得罪人，暴露了自己的贪婪；争输了，闷闷不乐半天，可能更郁闷的是发现把重要的事情也耽误了。

很多时候我们去争，说来都好笑，不是为了利益，也不是为了面子，纯粹就是为了争，就是为了赢过别人，除了享受一下“胜利”的小喜悦，其他什么好处也捞不着。

有这样的人，就喜欢和别人作对，差不多成了习惯，无论别人说什么，他总要照例反驳。他自己本无成见，不过在你说“是”时，他一定要说“否”，到你说“否”时，他又说“是”。现实中，有这种习惯的人很多，而且每每不自知。而这种心理，就是占有反应在作祟。

为什么人会出现盲目的占有反应？总结来说有以下几个原因：

（1）喜欢以自我为中心。

生活中，很多人喜欢以自我为中心，所以能够得到的东西，他们都想去占有。这其实也是领地感的一种表现。

（2）过于热心。

很多时候，我们去争，就是为了赢过别人。

有些人的占有反应不仅体现在对物质的占有，而且还体现在对真理的“占有”。还有一些人之所以要争，其实并没有太多心思，只是因为本身过于热心，想提出更高超的见解，以为这样可以让人另眼相看。实际上这种自作聪明的心态完全错了。

唐代有一位丰干禅师，在天台山国清寺清修。一天，丰干禅师在松林漫步，突然听见远远的有小孩的啼哭声。丰干禅师走过去问：“你是谁家的孩子？”

小孩哭哭啼啼地说：“我找不到我的父母了，我也不知道他们在哪儿。”于是，丰干禅师便把这男孩带回国清寺，等待他的家人来认领。

小孩的父母一直没有出现，所以他一直住在寺院里。因为他是丰干禅师捡回来的，所以大家都叫他“拾得”。拾得长大以后，寺庙里安排他到后厨打杂。

拾得有个名叫寒山的朋友，家里很穷。因为寒山常常缺衣少食，拾得就将斋堂里吃剩的饭用一个竹筒装起来，给寒山背回去。

有一天，寒山问拾得："如果世间有人无端地诽谤我、欺负我、侮辱我、耻笑我、轻视我、鄙贱我、恶厌我、欺骗我，我要怎么做才好呢？"

拾得回答道："你不妨忍着他、谦让他、任由他、避开他、耐烦他、尊敬他、不要理会他。再过几年，你且看他。"

寒山听后说："我们这些人无权无势，也只能如此了。"

拾得却摇摇头说："弥勒菩萨虽然法力无边，但是他也说：老拙穿破袄，淡饭腹中饱；补破好遮寒，万事随缘了；有人骂老拙，老拙只说好；有人打老拙，老拙自睡倒。由此可见，忍让和无求并不是懦弱，而是因为看破。"

这个佛家故事，其实讲的就是"不争"的道理。只有看破了争斗的负面作用，才能更好地藏住自己的好斗情绪，进而更好的藏心。

生活中的一些平凡的事情，是不必斤斤计较的。朋友、同事们日常聊天时，有几件事是必须要争一个是非对错的？

人总是有着各种不同的性格和待人处事的方式，即便有观点、观念上的不同，说说笑笑之间也就罢了。有人不能容忍这些细小差异，忍不住与之辩论以分伯仲，遇到随和的人也就算了，如遇到同样不依不饶的人就难免将辩论发展为争论，甚至矛盾、冲突。

要知道就算朋友之间，就算极有道理的话，也应注意措辞语气。要指出别人的不对完全可以私下再说，尤其在公共场合更应该为对方留一点余地。若仅仅自认自己的观点更高明，总是急不可耐地拿出"更高超"的见解，实在是喜逞口舌之快的小肚鸡肠之人。这样的待人接物，很容易使自己与朋友、同事疏远：关键时刻没人肯为你说一句话，朋友也不敢向你进一点忠告。所谓"人至察则无徒"，我们待人应轻轻松松，如非必要，不要过于认真。少苛求、多宽容，这才是正确的待人方法。

在自己的领地上退一步

俗话说：退一步，海阔天空。退，是一个很容易让人误解的词，很多人一听到这个词，就会不自觉的想到懦弱。大多数人为了证明自己并非懦弱，常常选择去占有：在公交车上争一个座位，在单位里争权夺利，在家里与妻子争地位。如果不争，他们就感觉会失去自尊，仿佛只有争，才能证明自己的尊严。这其实也是占有反应的一种体现。

如果让一个占有反应十分严重的人在自己的领地上退一步，那是一件非常困难的事情。同样，如果让这样的人放弃已经唾手可得的东西，那几乎也是不可能的。可是，一件事物，当你越想抓住的时候，往往就越是抓不住。

这是因为，你强烈的占有欲会将你的内心暴露给任何人。这时候，你就处于被动的局面中，你一心想着占有，却失去了最理智的心态。在这种状态下，又有什么是你一定能把握的呢?

对于一个善于藏心的人而言，控制自己的占有反应，是他们成功的关键。

有一天，A 先生开着他的黑色蓝鸟到小区的地下车库停车时，发现一辆白色的雪铁龙停在他的车位旁边，而且与他的车位靠得特别近。

“为什么总是挤靠我的车位?”A 先生生气地想，随即朝白色雪铁龙的车门狠狠地踢了一脚，车门上立即留下了一个清晰的脚印。

一天傍晚在停车场，当 A 先生正想关掉发动机时，那辆白色雪铁龙也恰好开了进来，驾车人像以往那样把车紧紧停靠在 A 先生的车旁。A 先生一见，气不打一处来，加上他正患着感冒，头疼得厉害，下班前又被领导批评了一顿，一肚子气正没地方发泄。

于是，A 先生恶狠狠地对着雪铁龙里的人大声喊道："喂，你的眼睛是不是出了问题，有你这样停车的吗?"

那辆雪铁龙的主人也不甘示弱，十分生气地说："你和谁说话呢?你以为你是谁? 这地方我交了钱，我想把车停在哪里就停在哪里！别那么多废话！对了，上次我车上的那个脚印是你踢的吧，以后少干这种缺德事，不然，你的车上会留下更多的脚印，甚至是你的身上!"

听到这些张狂的话语，A 先生一直怀恨在心。

第二天，当 A 先生回家时白色雪铁龙还未回来。这一下，A 先生也把车子紧挨着对方的车位停下来，也没给对方留一点回旋的余地。

但接下来的几天，白色雪铁龙每天都先于 A 先生回来。白色雪铁龙的车主暗地里和 A 先生较着劲，弄得 A 先生苦不堪言。

"如果长期这样'冷战'下去怎么办?" A 先生眉头一皱，便有了一个好主意。

早晨，当白色雪铁龙的主人准备坐进他的车子时，发现挡风玻璃上放着一个信封，信中写道：

亲爱的白色雪铁龙，真是非常抱歉！那天，我家的男主人向你家主人大喊大叫，还曾对你有过不文明的行为，现在他正为自己的粗暴行为深感后悔。其实，我家主人心眼并不坏，只是脾气躁了点，加之那天他正好在公司被领导猛批了一顿，心情很糟糕，因此，给你和你的主人带来了伤害。在此，我希望你和你的主人能够原谅他——你的邻居黑色蓝鸟。

隔了一天，当 A 先生准备打开车门时，也一眼就发现了自己车子的挡风玻璃上有一封信。A 先生连忙拆开信：

亲爱的黑色蓝鸟，我家主人这段时间失业了，因此心情郁闷。而且他只是刚刚学会驾驶，所以总是没把我停放在自己的位置上。我家主人很高兴看到你写的信，我相信他也会成为你们的好朋友——你的邻居白色雪铁龙。

从那以后，每当黑色蓝鸟和白色雪铁龙相遇时，他们的主人都会愉快地相互向对方打招呼。

你若处处争强好胜，免不了会处处碰壁，这是因为，你的占有反应会引起别人同样的反应，这就像是动物之间争夺地盘的行为一样。作为一个理智的人，应该学会藏住自己的占有反应，让自己表现得大度一些，沉稳一些，这才是藏心高手该有的风范。

一个理智的人，应该学会藏住自己的占有反应，这才是藏心高手该有的风范。

不懂得让步，带来的恶果，有时是当事者自己都难以预料的，当恶果发生时，就只能暗自后悔了。而双方如果都退一步，则大家都舒心，事情也会往好的方向发展。所以，学会让步，是一种智慧；而懂得让步的人，一定是一个智慧之人。

生活中，没有人能够做到不与别人发生碰撞。用争斗的方法，你永远无法得到满足，但用让步的方法，你可能收获更多。

当你遇到美味可口的佳肴时，要留出三分让给别人吃，这是一种美德。路留一步，味留三分，是提倡一种谨慎的利世济人的方式。在生活中，除了原则问题需坚持外，对小事、个人利益，互相谦让，会使人保持身心愉快。

清康熙年间，人称“张宰相”的张英与一个叶姓侍郎毗邻而居。叶家重建府第，将两家公共的弄墙拆去并侵占三尺，张家自然不服，引起争端。

张家立即发信给京城的张英，要求他出面干预。张英却作诗一首：“千里家书只为墙，再让三尺又何妨？万里长城今犹在，不见当年秦始皇。”张老夫人看见即命退后三尺筑墙。叶家深感歉意，也退后三尺。两家之间由从前三尺巷形成了六尺巷，被百姓传为佳话。

谦让绝非一味让步，不要忘记精确的计算：即使终身让步，也不过百步而已。也就是说，凡事让步表面上看来是吃亏，但事实上由此获得的收益要比你失去得多。这正是一种圆滑的、以退为进的明智做法。

本是争的情形，由于谦和礼让的出现而使矛盾化解，免去不必要的争斗，甚至使对手变手足、仇人变兄弟。相反，得理不让人，让对方走投无路，有可能激起对方“求生”的意志，甚至可能是“不择手段”，对自己造成伤害。

对方“无理”，自知理亏，你在“理”字已明之下，反退一步，一般人多少都会心存感激。就算不如此，也不会再有无理的行为。这就是人性。得理让人，不仅是一种积蓄，更是一种财富。

世界很大也很小，山不转水转，你今天得理不让人，孰能料他日狭路相逢。若那时自己处于劣势，他人处于优势，你还如何让人得饶人处且饶人？世事盛衰无常，今天的朋友，也许明天成为陌路；而今天的对手，也可能成为明天的朋友。

为什么退一步能让人有好人缘，这是因为，人在潜意识里，对那些占有反应非常严重的人都存有警惕。所以，只有当你克制住自己占有反应之后，才能收获更多的信任。

第五章
不屈服！——怎样掩饰服从反应

我们都曾有英雄的梦想，但是，最终命运让我们做了一个平凡人。因此，我们渐渐学会了服从。而现在，我们将告诉大家一个真理——你有权利做出自己的选择。

因为我们太过服从，所以别人能轻易了解我们下一步要做什么。因为我们太过服从，所以我们暴露了自己的内心。因此，我们将在接下来的文章里告诉大家，如何做一个自主自立自动的人。

内心的从众反应

本章，我们将介绍人的另一个负面反应——从众反应。

在一般情况下，个人的行为通常有随大流的趋向。这是因为一个人如果发现自己的言行和别人不一致，或与群体中大多数人有分歧时，就会自然而然的产生心理上的压力，只有服从“大多数”的时候，这种压力才会消失，这就是我们所说的从众反应。

从众反应在现实生活中很容易被观察到。比如说，大街上有两个人在吵架，本来是一件小事儿，但是却吸引了一部分人观看，结果被吸引来的人越来越多，最后连交通也堵塞了。

在一般情况下，个人的行为通常有随大流的趋向，这就是我们所说的从众反应。

在 FBI 供职的心理学家詹姆斯·瑟伯曾经用这样的一段文字来形容从众反应：

人潮涌动的大街上，突然有一个人开始奔跑。也许是他突然想起不久后要和情人约会，便急不可待的想要跑到约会的场所。总之，他在大街上跑了起来，向东跑去。

在这个人开始奔跑之后，另一个人也开始奔跑，他是一个兴致勃勃的报童。然后，一个身材微胖的绅士因为有急事，也开始向东奔跑。

在接下来的10分钟之内，你会发现，大街上所有的人都开始奔跑。他们不知道自己因为什么奔跑，只是看到别人都在跑，所以他确信：一定是有什么值得逃跑的理由。

以上这个案例，虽然看起来有些夸张，但是在从众心理的驱使下，这种场景是很可能发生的。从众心理对人的影响是如此之大，大得超出你的想象。

由于从众反应是一种比较普遍的社会心理和行为现象，我们也不能完全否认从众反应。在一定程度上，从众反应有助于学习他人的智慧经验，扩大视野，克服固执己见、盲目自信，修正自己的思维方式、减少不必要的烦恼如误会等。

但是，一个人如果陷入盲目的从众反应中，这时从众反应的负面特点就会显现出来：抑制个性发展，束缚思维，扼杀创造力，使人变得无主见和墨守成规。

1947年7月4日，在美国的罗斯维尔发生了一些不平凡的事情。当时，一个不明飞行物从天而降，美国政府随后命令FBI封锁了现场。

在那之后，关于“罗斯维尔发现飞碟”的消息就传了出去。FBI通过调查发现，在当地至少有几千人信誓旦旦地说：“我见过那架飞碟。”而事实上，这根本是不可能的，当时正是晚上，而且发生的地点是在荒郊野外，根本不可能有那么多的目击者。

FBI专家分析说：“之所以有那么多的人声称自己见过飞碟，一方面是有些人在胡乱编造事实，另一方面则是从众反应在捣鬼。”专家最后无奈地说：“因为从众反应，许多人成为了谎言的传播者。”

正是因为从众反应的不断扩大，让罗斯维尔神秘事件变得更加扑朔迷离。

近些年，经常会有这样的事情发生：在众目睽睽之下发生的意外灾难，周围的人都在充当看客，没有一个人愿意伸出援手。其实从心理学角度来讲，这也是一种从众反应。这种从众反应让社会职责分散化，由于第一个看到的人不愿意伸出援手，所以越来越多的围观者都加入到了看客的行列中。

这就是从众反应的负面性。作为一个有良知的人，我们一定要克制自己“从恶”的从众反应。我们一定要知道：每个人都是与众不同的，盲目的从众将会让自己失去特有的魅力。保持特立独行的思想，融入大众的群体，才是可取的人生态度。

正因为人的内心潜藏着从众反应，所以很多时候我们都会感觉“人在江湖，身不由己”。当你希望掩饰或是抑制自己心中的各种想法时，从众反应就可能从中作梗，从而暴露你的内心想法。

要想克制自己心中的从众反应，我们就要先搞明白从众反应产生的根源。

首先，在群体中，个体如果过于标新立异，往往会遭到群体内其他人的孤立。对于普通人来讲，他会觉得：我的意见如果和大部分一致，就永远不会犯错。

其次，从众反应还源于群体对个体所产生的无形压力。一些个体虽然知道大多数是错误的，但是迫于这种压力，他们还是会违心地选择服从大多数。

虽然每个人都有从众反应，但是每个人从众程度都不同。一般来说，女性更容易受到从众反应的控制；性格内向、自卑感更深、文化程度低、社会阅历浅的人，更容易受到从众反应的影响。

而从众反应的表现方式也有很多，在工作中、生活中、学习中，我们都可以看到从众反应对人的影响。我们了解人的从众反应，并且在现实生活中避免自己陷入到盲目的从众反应中，是非常有意义的。

用主见克服从众心理

在现实生活中，有一些精明的商家，深谙从众行为的门道，他们会可以利用消费者的从众心理达到宣传产品、获取商业利润的目的。他们通过广告宣传、公关活动、媒介报道等手段，在社会中引起轰动效应，激起群众竞相传播、议论、参与，从而将自己的商品炒热，达到盈利的目的。

许多人会利用人的从众心理给你设下圈套。你只有保持清醒的自我认识，才能避免上当，更好的“藏心”。

1983 年，FBI 特工刘易斯奉命打入黑手党内部，做一个卧底。

由于黑手党规定：只有西西里人才能在帮会中担任重要职务，所以刘易斯对外声称自己来自西西里。

为了当好一个西西里人，刘易斯在这之前做足了功课，所以他的一举一动都完全像是一个土生土长的西西里人。但是刘易斯知道，对方对自己还是不够信任，一定会想方设法试探自己。

在一次黑手党的内部聚会上，当地的一个交际花出现在了现场。当时许多人都惊叹于这位美女的美貌，纷纷竖起了大拇指。但是刘易斯却依稀记得：西西里人在夸赞别人美丽的时候，习惯性的动作应该是用食指在腮帮上转两下。而眼前的这些黑手党人，他们毫无疑问都是西西里人，为什么他们没有做出这样的动作？难道自己记错了？当时刘易斯的脑子在飞快地转动：“是跟他们做同样的动作，还是坚持按照自己所做的功课去做？”

在短暂的思考之后，刘易斯最终克服了自己的从众心理，做了一个标准的西西里人的手势。

在做完这个手势之后，刘易斯看到在场的一位黑手党教父朝他走来，伸出手对他说：“正式欢迎你，我的西西里朋友。”

从那以后，刘易斯才真正打入了敌人内部。

在上面的这个案例中，FBI 特工刘易斯克服了自己的从众反应，所以才没有落入敌人设下的圈套。这个故事告诉我们：在很多时候，你要坚持自己心中的正确想法，才能避免落入从众心理的怪圈。只有这样，你才能保持正确，让自己变得“深藏不露”。

某位教授曾经做过这样一个实验，他对自己的学生说：“我请来一位德国化学家展示他最近发明的某种挥发性液体，他将在明天的课堂上向大家展示这种液体。”

第二天，一个满脸大胡子的“德国化学家”来到了课堂上。这个“化学家”用沙哑的嗓音对学生们说：“我最近研究出了一种强烈挥发性液体，现在我要进行实验，看要用多长时间能从讲台挥发到全教室。凡闻到一点味道的，马上举手，我要计算时间。”说着，他打开了瓶盖……

过了没有多久，前排的同学就举起了手，然后后排的同学也纷纷举手。不到两分钟，所有人都认为自己闻到了化学液体发出的特殊气味。

就在此时，那个“化学家”拿掉了墨镜，撤掉了自己的胡子，原来，他是本校的德语老师。他笑着说：“我这里装的是蒸馏水！”

其实，作为一个正常人，都生活在群体当中，那么，周围人们的意见对于自己不可能不产生影响。而且，在很多时候，服从大多数人的意志也确实有好处。但是，你也要清醒的认识到，从客观上讲，这个世界毕竟是“庸人”更多。所以你要想有所超越，一味的跟着别人的步伐前进，是不会成功的。周围人的意见和想法，有时会动摇自己的抱负、意志和决心。

做人要有主见，要能够理智支配自己的行为，不要让别人牵着你的鼻子走。一个人如果失去了主见，那么别人想要看穿你的内心就会变得很容易，再要想藏心就难上加难了。

一个人如果处处处于被动，就很容易被别人预测到你下一步要做什么、心里在想什么。因为对方知道：你只会跟着大多数人的脚步前进，只要明白大多数人是怎么想的，也就等于读懂了你的内心。所以，我们想要藏心，就必须要有主见，而且要敢于说出自己的主见。

你要想有所超越，一味的跟着别人的步伐前进，是不会成功的。

在生活中，我们往往失去了说话的勇气。这样一来，就会逐渐变成一个庸俗的人。别人能轻易看穿我们心中的“服从反应”，用各种手段控制我们、影响我们。如果一个人到了这步田地，还谈何“城府”、谈何“藏心”？

在 FBI 的新人培训中，有一个重要的科目，那就是“案例分析”。FBI 的教官们会给新人提出一个案例，然后向他们询问解决的办法。FBI 教官发现，许多人会给出一个相同的解决方案。在这个时候，有些持不同意见的人，会逐渐变得动摇，开始否认自己的方案，而另一些人则会坚持自己的想法。

其中有个叫杰维斯的小伙子，他的方案虽然和其他同学的大不相同，但是他依旧坚持认为：自己的方案也许最能解决问题。

教官找到杰维斯，问他："你为什么会提出这样一个与众不同的方案?"

杰维斯回答说："我想，虽然这只是一场实验，但是我们还是应该把我们的对手想象成我们的敌人。对于我们而言，一个谁都可以想到的方案，敌人同样也想得到，他们肯定会有针对我们的办法。所以，我们这个工作需要我们和别人不一样，需要我们有自己的主见。不能被人看穿我们在想什么，不能被人牵着鼻子走。"

听了杰维斯的这番话，教官知道，眼前的这个人并未哗众取宠之徒，他是一个真正有能力的人。

果然，在加入 FBI 之后短短数年，杰维斯就成为了一个"关键先生"，做出了许多惊人的业绩。

这个故事中，杰维斯的那番话对我们的"藏心"而言有很大的启发意义。试想一下，你如果只会随大流，只会按照一般的思维去解决问题，那么你的对手，也肯定会想到你会那么做，那你还有什么秘密可言？从一开始，你就陷入了被动，想藏心那是不可能的。拿破仑曾经说过一句话："不要做敌人想让你做的事情，理由很简单——因为是敌人想让你那么做。"

当我们缺乏主见的时候，内心的声音就会微弱，失去话语权，不能很好地表达自己。对于有些人而言，其实他们心中不是没有想法，而是没有勇气表达自己的想法。其实，对于自己有异议的观点，你应该去提出有建设性的、表示反对的意见，在尊重他人的前提下挑战他们的意见，从而表达你的看法。

当然，在表达反对意见时我们也要注意方法。比如，你在对一个人提出反对意见的时候，应该多接触对方的目光，这会让你充满勇气，在别人眼里你会显得更加自信。

比如说，在课堂上，那些用目光和老师交流的学生，即使他们经常提出疑问，老师也非常喜欢他们，因为老师知道这样的学生才是自信、勇于思考的可造之才。在说话的时候，要尽量避免使用也许、可能、会不会、如果、听说等词汇，多用我建议、我认为、我希望等干净利落的词语。这样会让你的话更有力量，而不显得拖泥带水。

总之，我们有必要通过一些手段来表达自己的主见，不能总是像绵羊一样表示顺从。只有勇于表达的人，敢于提出不同意见的人，才不会被别人一眼看穿，才是真正的藏心高手。

自卑心理的起源

我们之前讲述了一个真理：人应该杜绝盲目的从众反应，应该有自己的主见。为了能够让大家彻底克服服从心理，我们现在要叙述一下从众反应最根本的一个心理因素——自卑。

我们为什么因为怀疑自己而服从大多数？我们为什么在权威面前失去了主见？其实都是因为我们有自卑心理。

所谓自卑心理，一般是由于一个人存在生理缺陷或某些心理缺陷而产生的轻视自己的心理，认为自己不如别人。正因如此，人才会盲目服从别人。

多年前，FBI 曾经接手过一起杀人案。死者的名字叫做西奥多·霍夫曼，24 岁，大学生。他在自己寝室里中毒而死。当时，FBI 的首要任务就是要查明霍夫曼到底是自杀还是他杀。

那些认识霍夫曼的人说：他很有人缘，也没有什么仇敌。想不到有谁会对这样一个人下毒手。

FBI 特工在调查线索时，找到了霍夫曼的一个日记本，上面写道：尽管我的名字中只有一个“F”，但是老师却总是把它拼成两个“F”，我没有办法鼓起勇气去纠正她，只能让她在我上学期间始终把它拼成两个“F”。

经过一番调查，FBI 特工进一步发现，霍夫曼是个敏感而害羞的男孩，因为长得丑、鼻子长，经常遭到嘲笑。

由此，FBI 特工给出了一个结论：霍夫曼是一个严重自卑的人，所以他表现出如此盲目的服从心态（任由老师叫错名字）。对于这样的人来讲，自杀的可能性要大一些。

接下来，FBI 特工就从自杀的角度去追查霍夫曼的死因。不久后，FBI 终于证实：霍夫曼确实是自杀身亡的。

从这个案例可以看出，自卑对一个人有非常大的负面影响。如果我们在做某事时，因为各方面的原因没能取得成功，内心就会变得低落伤感。如果失败的次数多了，就非常可能产生自卑。

自卑会导致孤立、离群、丧失自信心、缺乏荣誉感等。一个有自卑感的人，通常会显得忧郁、悲观、孤僻。

自卑会导致孤立、离群、丧失自信心、缺乏荣誉感等。一个有自卑感的人，通常会显得忧郁、悲观、孤僻。当自卑到了非常严重的地步时，人又会变得易怒、自欺欺人、敌视别人。但不管自卑是通过哪种方式表达，都是很容易被他人所观察到的。所以，自卑的人是很难藏心的。如果想要克服自卑，就首先要搞明白自卑的起因。通常情况下，人的自卑是由以下几种情形造成的：

（1）首先是自我认识不足。

有些人容易过分低估自己。这是因为，人们总是根据他人对自己的评价，或者是自己与别人的对比来认识自己。生活中有很多人，总是习惯于拿自己的短处去和别人的长处相比较，越比越觉得自己不如别人，天长日久，自卑就产生了。

（2）其次是因为消极的自我暗示。

我们在生活中会遇到各种问题，有些人在遇到问题之后，会想："我一定有办法搞定。"而有些人则不这样想，他们会觉得自己没有能力处理眼前的难题。这样消极的自我暗示，会降低一个人的自信心，加重人的心理负担。由于心理负担大，所以他们在处理问题的时候更是难以发挥出自己的能量，经常会失败。由此，在这些人身上会产生这样一个怪圈：越是怕失败，越容易失败；越是失败，心里越没底，越害怕。久而久之，他们的自卑感就产生了。

（3）再次，有些人会因为遭受挫折而产生自卑。

在现实生活中，有些人是越挫越勇，但是有些人则会因为暂时的失败而一蹶不振。第二种人经常会因为失败而产生自卑。

（4）最后一种造成自卑的因素就是生理方面的不足。

如身材矮小、相貌不理想，都会让有些人感到自卑。

以上是自卑心理的4种起源。通过研究自卑心理，我们发现，一个人在有了自卑心理之后，他心中的懦弱、恐惧等负面心态会被无限放大。这些心态都是导致一个人无法"藏心"的重要因素。因此，一个自卑感严重的人，肯定是不善于藏心的。

赶走你的自卑

心中有自卑，人就不能做真正的自己，会跟随别人的意愿行动，而且内心始终充满痛苦和消极。

之前，我们叙述了许多帮助人掩饰自己负面心态的方法。但是到了这一节，在谈到自卑的时候，我们不能再想着掩饰了，因为自卑感与领地感、恐惧感等负面心态不同，这是一种对于我们没有任何好处的心态。而且，光靠掩饰，是藏不住自卑感的。更多时候，一个人越是想掩饰自卑，越是容易暴露自己的内心。有句话说：看一个人自卑什么，就看他掩饰什么。这句话就说出了自卑的本质。

FBI 第一任局长胡佛，是一个非常有争议的人物。

1955 年 9 月，《花花公子》杂志上刊登了一篇特工上太空侦察的科幻故事，里面将 FBI 局长描绘成一个半男半女的人物。胡佛在看到这个故事之后，勃然大怒："这是对我们的污蔑，他们就是想抹黑我们 FBI 的形象。我一定要给他好看！"

胡佛叫来秘密警察部队的特工对他们说："你们要对《花花公子》进行仔细审读，每期都不能放过。如果发现杂志内容有侮辱、嘲弄 FBI 以及我本人的地方，你们一定要及时向我汇报。"

这帮秘密警察一下子成了《花花公子》的忠实读者，他们每一期都看。皇天不负有心人，终于在 1963 年 2 月，发现了杂志主编海纳夫写的一篇批评胡佛反色情阅读的文章。秘密警察立刻把这个消息转达到了胡佛那里。

胡佛听了这个消息，十分气愤，他是一个从不容许别人得罪的人，于是他立刻下令特工去调查海纳夫的背景。

……

许多人都不理解：就因为一篇小小的文章，胡佛就对一个杂志这么不满，似乎是完全没有理由的。直到胡佛死后，他是一个同性恋的秘密才开始公之于众。这时，人们才知道，胡佛当年之所以对一个杂志大动干戈，就是因为他内心因自己的性取向而感到自卑，而且又怕人识破这一切，所以才会那样暴怒。

这个故事说明了一个真理，自卑不是你身居高位或者是刻意隐瞒就藏得住的。所以，本书虽然名曰“藏心术”，但是并不能教会大家如何藏住自己的自卑心理。关于自卑，我们只能控制和改正。若想赶走自己的自卑心态，我们要做到以下几点：

（1）首先要客观地认识自己，提高自我评价。

其实你的身上有很多过人之处，完全没有必要感到自卑。

一个人要善于挖掘自己的优点和长处，要学会肯定自己的成绩。客观地评价自己，其实和客观地评价别人一样重要。

我们不能否认自己的缺点和不足，但是更不能无视自己的优点和长处。你如果用善于发现的眼睛去看自己，你就会发现，其实你的身上有很多过人之处，完全没有必要感到自卑。话说回来，即便你有这样或那样的缺点，但是人无完人，谁又能完美无缺呢？所以，你依旧没有自卑的理由。

（2）人应该进行积极的自我暗示，自我鼓励。

无论在任何时候，你都该告诉自己：我可以，我行！而不是一碰到一点问题就马上逃避、退步。只有这样，你才走出自卑心理的恶性循环。

（3）摆脱自己的自卑心理，就应该学会积极地与他人交往。

通过积极地与他人交往，就会感受他人的喜怒哀乐，心胸也会变得开阔。可以向他人倾吐心声，并了解他人的长短处，在比较中正确认识自己。尤其是有意识地加强同性格开朗、乐观、豁达、尊重人、关心人的人交往，对于克服社交自卑感更有益处。

你有过成功的过去，这足以证明你的能力不比别的人差。只要你正确地认识自己，坦诚地与老师和同学们交朋友，你一定能赶走自己的自卑。

坚持自己，不屈于别人

在上世纪的印度，人们尊崇一位精神导师，他向人们提供精神的力量和东方的智慧，他用生命换来了别人的生存，这个人就是甘地。

甘地生前曾经进行过无数次的绝食斗争，他的非暴力哲学让英国人感到羞愧万分，最终不得不离开印度。因为道义在压迫者心中萌发了，逼得他们必须撤离。

为了达到和平抗争的目的，甘地决心过苦行僧一般的生活，他用绝食的方式来制止暴乱和杀戮，他支持工人罢工，反对一切苛刻的雇佣条件。甘地从不畏惧英国人，但他却畏惧黑暗，他睡觉的床边总是灯光长明，他对印度人民的联合与统一充满了信心和热情。

甘地担负起了把独立的要求转变成全国性群众运动的职责，动员所有人与帝国主义展开斗争。甘地一生始终坚信一点：被动反抗和非暴力之路，在任何时候、任何情况下都是有效的。他的精神是充满智慧的，是坚忍不拔的，是充满同情心和活力的，他的智慧就是印度人民最强大的精神武器。

在多数人看来，一个人是否有力量，全在于他的性格和手段。那些性格温和而从不采用暴力的人，有时会被人视为懦夫。然而，甘地却改变了人们对力量的看法，他以温和和非暴力著称，始终坚持自己的信念，这种强大的意志力萌发出的气场，让他成了印度最有影响力的领袖。

这就是不屈服的力量！

很多时候，不要抱怨成功太艰难，路途太坎坷，你需要是增强你的意志力，还有你的恒心。坚持不懈意味着有决心，当我们感到精疲力竭的时候，放弃和服从是最简单的，也是看起来最好的选择，然而成功者在此时却忍住了。他们的意志力是普通人难以想象的，甚至为了成功，他们可以选择“一生只做一件事”。因为他们专注，所以没有人能轻易打到他们，更不会有人能够看透他们内心的强大力量。

杜雷德是一名FBI特工，和他一起进入FBI的“战友”，在他这个年纪都已经获得了巨大的成就，但是杜雷德却一直没有得到提升。原来，他把自己所有的经历都放在了一个旷日持久的重大案件上。这个案件不知道什么时候才能结束。这就意味着，杜雷德不知道要什么时候才有“出头之日”。

许多朋友都对杜雷德说：“你应该换一个任务，这个任务做下去，恐怕你一辈子也只是个小小的特工了。”

就连杜雷德的敌人也发邮件给他，上面写道：“你已经粘了我们13年了，我佩服你的勇气。可是，如果你再这样无休止的和我们纠缠下去，你将失去你最宝贵的一切。”

无论是朋友的好意规劝还是敌人的恐吓威逼，都没有让杜雷德屈从。他依旧坚持着自己的任务。终于，又过了5年，杜雷德完成了那个几乎不可能完成的任务。

每一种成功的背后，都有不为人知的心酸，但每一种成功也都有个共同的秘诀，那就是坚持。

有人曾经问过小提琴大师弗里兹·克赖斯勒，为何他能演奏得如何好，是不是运气好？弗里兹·克赖斯勒回答：“这一切都是练习的结果。如果我一个月没有练习，观众可以听出差别；如果我一周没有练习，我的妻子可以听出差别；如果我一天没有练习，我自己能够听出差别。”

想让自己像弗里兹·克赖斯勒一样，用自身的实力和魅力感染更多的人吗？那就坚持做好你该做的事吧！

在历史的长河中，用毕生精力挖一口深井的人屡见不鲜：曹雪芹倾注毕生心血，终留传世之作《红楼梦》；鲁迅先生弃医从文，一生以文字作为和敌人对抗的匕首，针锋相对；钱钟书一生治学，终成当代中国少有的学贯中西的大家。

凡是有所作为的人，往往都是全神贯注、倾尽身心去追求既定的理想。浅尝辄止，是挖不成一口深井的。这些道理谁都明白，更重要的只有少数人很快拿出了行动。所以，就从今天开始吧，拿出必要的行动，哪怕只是一小步。

其实，要想成功，就必须要专注而不放弃。很多人非常聪明，但是没有长性，也难以成功。可是有些看起来不太聪明的，却因为能够坚持，最后获得了巨大的成功。

生活中有许多看起来匆匆忙忙，一日不得闲的大忙人，他们整天没有一刻休息，但却总也见不到任何显著的成效。归根结底，就是因为他们太容易放弃自己的底线和原则，做事都是浅尝辄止，刚刚上手去做这件事，不久就被另外一件事吸引了注意力。到头来只能像抓蝴蝶的小猫，仍然两手空空。

生活中有许多一日不得闲的大忙人，他们整天没有一刻休息，但却总也见不到任何显著的成效。

浅尝辄止的人可能一辈子都活在庸庸碌碌的繁忙中，这是因为他们没有坚持、没有长性，这无疑是在“戏弄”自己的生命。人生极其短暂，我们每个人的精力与时间都是很有限的。我们应该紧紧把握住自己独有的优势和志在必得的方向，凭借永不放弃的努力，执著而专注地干下去，这样才能有所作为。

在美国，有一位贫困潦倒的年轻人，他穷得连一件比较好的衣服都买不起，然而在他心中，始终有着一个坚定的梦想：做演员，拍电影，当明星。

当时的好莱坞有500多家电影公司，他根据自己计划好的路线与排列好的名单顺序，带着自己写的剧本，到这些公司去拜访他们。但第一遍下来，500家电影公司居然没有一家愿意聘用他。

百分之百的拒绝率，并没有让这位年轻人灰心。从最后一家拒绝他的电影公司出来以后，他重新回头从第一家开始，继续他的第二轮拜访与自我推荐。

但不幸的是，在第二轮拜访中，年轻人仍然遭到了500次拒绝。

接下来，年轻人又孜孜不倦地开始了第三轮的拜访，结果仍与第二轮相同。

这位年轻人咬牙开始他的第四轮行动。这回终于收到了一定的效果，当年轻人拜访完第349家后，第350家电影公司决定先把他的剧本拿来看一下。

就在那一刻，年轻人的命运开始改变了。几天后，他获得通知，电影公司请他前去详细商谈。就在这次谈话结束之后，这家公司终于决定投资开拍这部电影，并请这位年轻人担任男主角。

年轻人写的这部电影名叫《洛奇》，而他就是史泰龙。现在所有人都知道《洛奇》这部电影是好莱坞历史上最优秀的电影之一，而史泰龙则是整个好莱坞最知名的巨星之一。

那些出类拔萃的人，无论身处何种境地都不会轻言放弃，不会向别人的非议或者是命运的坎坷低头，或者忍受不幸，或者战胜它。而每个人的体内都蕴藏着惊人的韧性，只要把它挖掘并充分发挥出来，那么，在前进的道路上就没有克服不了的障碍和渡不过去的难关。

自信得不卑不亢

“上交不谄，下交不渎”，是孔夫子提出的一个重要的待人处世原则，意思是说，与高于自己的人交往，不要低声下气；与低于自己的人交往，不要高傲怠慢。

在孔夫子这条准则中，“上交不谄”其实说的就是克制人的服从反应。但是，这条准则虽然看起来容易做到，实际上却不是那么简单的事情。

一次，苏轼到莫干山去游玩，看到山上有一个庙宇，他想进去歇一会儿。

老道当时看苏轼穿的衣服很朴实，看起来也没有什么过人之处，就非常轻慢地指了指椅子说："坐。"然后吩咐道童："茶。"

等到两个人交谈了一番之后，老道发现苏轼谈吐不凡，恐怕不是一般人，就把他引至大殿，有点客气地说："请坐。"同时向道童说："敬茶。"

到最后，他终于发现眼前的这个人就是大文豪苏轼，竟慌忙打躬作揖，把他让进客厅，口中连连道："请上坐。"然后吩咐道童说："敬香茶。"

临别时，老道请苏轼题字留念，苏轼便开了个小玩笑，写下"坐，请坐，请上坐。茶，敬茶，敬香茶"的对联以为讽刺，弄得这位老道很不好意思。

故事中的这个老道，其实就是典型的从众反应受害者。他之前没有见过苏轼，虽然见到苏轼表现得比较冷淡才是应有的状态。可是他却因为别人都尊重苏轼，自己便也对苏轼尊重有加，这不是一件坏事，但确实是从众反应的体现。

同时，我们还需要注意一个细节，那就是老道在知道苏轼的真实身份之后，做了一个动作——"打躬作揖"。在心理学上，这个动作意味着示弱和服从。低头耸肩，这样的动作在古装剧中我们经常会看到，臣子面见皇上时经常低着头、哈着腰。而今在职场，下属靠近自己的上司时，往往也会采取这种姿势，这虽不如古装戏那么明显，但仔细观察还是能看得到。不难判断，在这种情况下，做出这种动作是因为身份、地位与权力不如对方。

如果是身份、地位差不多时，做出这种动作，则意味着此人内心缺乏自信，并且不想引人注意。比如，当看到一群不太熟悉的同事在一边谈话，从他们旁边经过的时候，我们都会怎样做呢？

自信且爱表现的人会昂首挺胸地走过去，希望对方注意到他。

自信且爱表现的人会昂首挺胸地走过去，希望对方注意到他。如果对方没有留意到，他也会主动打招呼。而不太自信的人则会不自主地缩紧脖子，努力让自己显得更弱小和不太引人注意，期望对方不要注意到他。

凯特有个 17 岁的儿子名叫詹姆斯，是一个高中二年级的学生。詹姆斯身高 1.78 米，身材魁梧强壮，外人都觉得他是个帅气十足的男子汉。但凯特在跟詹姆斯的老师谈话时却说，儿子外表看上去高大威猛，但实际上是个羞涩的孩子，希望老师能配合自己帮助儿子树立信心。

“咦，您为什么这么说呢？詹姆斯看起来很不错啊。”老师一脸惊讶地望着凯特。

“不是这样的，这都是假象。住我们隔壁的邻居是个心理学博士，在 FBI 工作，好几次我跟邻居聊天，詹姆斯从旁边经过都低着头、耸着肩，不说一句话。邻居问我詹姆斯是不是缺少自信，刚开始我还不以为意，后来慢慢观察，我发觉邻居说得没错。他外表很强大，内心却很自卑，希望老师能帮我让孩子树立自信心。”凯特语重心长地告诉老师。

案例中的这个男孩，就是因为他不自信的一个动作，让 FBI 的心理学家看出了他的内心。事实上，低头耸肩这个动作，非常容易暴露一个人的内心。

在会议上，不想发言的人会在老板用视线巡查时低下头，为的是避免和他视线相交而引起他的注意。在生活中，相信我们大部分人都不愿意在别人面前表现得弱势。那么，你千万要注意自己的这个动作，否则，很容易让人看穿你心中的不自信。

此外，低头耸肩这一行为，也有示弱、潜意识中乞求怜悯、寻求自我保护的意思。

某文化公司老板指着报表上的一个数字问会计小赵：“你觉得这个月的支出对吗?”小赵看了看，发现自己犯了一个低级的计算错误。老板威严的神情让她不由得耸起了双肩，把头深埋下去。她的这副姿势让老板心软了，于是说：“下次注意。”

女性大多性格温柔而恭顺，在遇到障碍、挫折，或者在尴尬的状况下时就会做出低头耸肩的姿势，而且这样的动作会使其显得娇弱，让人不由得心生怜惜。

关于低头耸肩的自我保护意味，你可以想想这样的情形。比如，在你居住的小区里一群孩子在踢球，当你走过他们的时候，突然听到有人喊：“当心，看球。”即便你并没有看到足球朝你飞过来，也会下意识地把头低下，缩在两肩之间。因为你希望用这样的姿势保护自己的头部，以及柔弱的脖子和喉咙，避免受到撞击。

大部分人在潜意识里都清楚这个动作的保护意味，所以当他们可能受到外界攻击时就很容易做出这个动作。

低头耸肩是一种自我保护，更是一种信心的彰显。所以，如果是在交际或商务谈判场合，要是你想展现信心十足的面貌，那么就千万不要做出低头耸肩的动作，否则会让你的形象大打折扣，想藏心更是难上加难。

第六章
别怕！——藏住心中的惊恐反应

恐惧症的危害已经影响到了人的正常社交活动。随着人们生活、工作的压力越来越大，患恐惧症的人也越来越多。对于恐惧症，一定要引起足够的重视，即使恐惧还没有发展到病态的地步，它也会给我们造成负面的影响。所以，我们有必要藏住自己内心的恐惧。

在本章，我们将给大家具体讲一讲人的惊恐反应，以及惊恐反应的隐藏和控制。

惊恐对人体的伤害

在之前章节的论述中，我们提及过关于“恐惧”的一些内容。在本章，我们将给大家具体讲一讲人的惊恐反应，以及惊恐反应的隐藏和控制。

恐惧是一种人类的心理活动状态，是因为周围有不可预料、不可确定的因素而导致的无所适从的心理或生理的一种强烈反应，是只有人与生物才有的一种特有现象。人类的大多数恐惧情绪是后天获得的。恐惧反应的特点是对发生的威胁表现出高度的警觉。

就恐惧而言，人和动物的最大区别是：动物只会对它们感受到的事物而恐惧，而人则会对不存在的东西产生恐惧。这就意味着，我们的恐惧在很多时候是没有必要的，这也是我们克制和隐藏自己恐惧的主要原因。

其实，我们也很奇怪：为什么我们会因为不存在的事物而感到恐惧。这到底是为什么呢？

照英国神学家詹姆士·里德的说法：“很多恐惧都是因为我们对世界的不理解和这个世界对我们的控制。”因为我们心中有未知的东西，所以会感到恐惧。可是你有没有想过，既然是未知的东西，又有什么好害怕的？我们又有什么必要让这些看不到的东西搞得我们心神不宁、乱了方寸？

FBI心理学专家们曾经做过这样一个实验：他们找到一个死囚，告诉他：“我们现在有一种无痛的死亡方式，这种方式我们之前没有采用过，处在实验阶段。你如果同意配合我们做这个实验，那我们将会给你的家人一大笔补偿。”

死囚心想左右是一死，不如临死前给家人做点贡献，于是便答应了专家的要求。

在行刑的那天，专家告诉死囚说："我们将割破你的动脉，让你的血一点点地流干，最终死亡。但是请你放心，你不会感到一点疼痛。"

然后，专家让人蒙住了死囚的眼睛，然后给他的手部做了局部麻醉。

在那之后，死囚听到滴滴答答的声音。死囚意识到：这是自己的血在不断地往下流。几分钟之后，死囚便丧失了生命。

事实上，专家并没有给死囚放血。他只是在死囚旁边放了一个水桶，然后让水不断地滴到水桶里。死囚完全是被自己的恐惧心理吓死的。

这个案例说明了一个问题：恐惧会对人的心理和生理造成致命的伤害。那么，恐惧对人体有哪些具体的危害呢？

当一个人感到威胁的时候，恐惧就产生了，这时候个体的活动会减少，一个人的目光会凝视危险的事物。如果危险还在不断升级，就可能发展为难以控制的惊慌状态。此时，会导致人产生激动不安、哭笑、思维和行为失去控制，甚至休克。

当一个人感到威胁的时候，恐惧就产生了。

恐惧还会带来一系列的生理反应，包括心跳猛烈、口渴、出汗和神经质发抖等，在恐惧反应中的肌张力、皮肤导电性和呼吸速度的增加主要与肾上腺素的功能相联系。

如果一个人长期生活在恐惧中，则会导致他患上“恐惧症”。恐惧症是一种比较常见的心理疾病，主要表现在对某些事物过分的恐惧和焦虑上，不同的类型发病的原因和具体表现出的症状差别很大。社交恐惧这类患者其恐惧对象主要为社交场合、人际接触等，如害怕见人时脸红（红脸恐惧症）、怕与人对视（称对人恐惧症）。这种恐惧症的患者具体表现如下：

（1）对某些特定的事物或处境有不可抑制的恐惧，这种恐惧和特定事物所造成的危害是不相称的。

（2）在恐惧症发作时，会伴有头晕、昏倒、心慌、颤抖、出汗等生理反应。这是比较明显的恐惧症对人体的危害。

（3）恐惧症患者会回避让他们感到恐惧的特定事物。

（4）恐惧症患者本人也知道这种恐惧的过分、不合理、不必要，但是不能自制。

以上介绍的就是恐惧症对人体的危害。恐惧症的发生原因，一般是由于某种令人恐怖的刺激情境的强烈刺激或长期作用造成的。除了客观因素之外，个人的认识水平和个体的神经系统的强、弱，个人的生活经验、意志品质方面的偏差和缺陷也是造成恐惧症的原因。

恐惧症的危害已经影响到了人的正常社交活动。随着人们生活、工作的压力越来越大，患恐惧症的人也越来越多，对于恐惧症一定要引起足够大的重视。即便是我们的恐惧还没有发展到病态的地步，它也会对我们造成负面的影响，所以，我们有必要藏住自己内心的恐惧。

用理性克服恐惧

在现代社会，恐惧越来越有力地折磨着我们，到了每一个人都无法规避的地步。面对无常的世事，人是非常脆弱的。苦难、精神创伤，在我们的生活中几乎不可避免。我们因此而感到恐惧是无可厚非的。但是如果我们的恐惧超出了理性，那就需要我们反省自己了。

FBI 著名特工吉姆在谈到恐惧时曾经说过：

1986 年，乌克兰的切尔诺贝利核电站发生核泄漏事故，这是有史以来最为严重的核泄漏事故。

在事故发生之后，许多附近的居民都生活在极度的恐惧中，因为根据最初的估计，将会有几万人因这场事故而死亡。核泄漏事故带来的最为恐怖的破坏不是来自于核反应堆本身，而是来自于人类的意识。在事故发生之后，那些惊慌失措的商人都立马离开了这个区域，使得该地区的失业率不断上升，贫困也迅速蔓延。那些无法离开的当地居民焦躁不安、心理压抑并开始酗酒和自杀。

因为害怕自己尚未出生的胎儿受到核辐射的污染，有将近超过 10 万名的准妈妈选择了不必要的堕胎。想象中的恐怖景象带来大范围的悲剧，在对核辐射的恐惧所造成的伤害面前，核辐射本身带来的伤害要小得多。

根据多年后的调查来看，因核辐射而死亡的人数不足 100 人。与此同时，美国每年有 8000 人因为暴晒于太阳光之下而患上皮肤癌。这就是说，阳光对人类造成的具体危害要比核泄漏更为严重，但是所有人都会因核泄漏而感到恐惧却没有人会害怕阳光。由此可见，我们的恐惧在大多数时候是盲目的。

吉姆的这番话对我们启发颇深，在大多数时候，我们的恐惧都是没有必要的。如果不能控制这些没有必要的恐惧，将会给我们的生活造成不利的影响。

举个很简单的例子，2011 年日本核电站事故发生之后，许多人害怕食盐安全受到影响，所以开始大量购买食盐，对生活造成了极大的不变。这种恐惧，其实就是毫无必要。所以，我们应该学会用理智克制自己的恐惧。

心理学家丹尼尔·卡尼曼说："我们倾向于根据大脑中容易想起来的事件来判断某个事件发生的概率。"事件发生的时间越近，或者是你对时间的记忆越清晰，就越容易勾起你对同类事件的恐惧。所以，你的恐惧往往是经验性的：你被一只狗咬过，那么在近期内如果你再看见狗，即使是一只无害的宠物犬，你也会感到恐惧。

在生活中，大多数人在看到蛇或蜘蛛、老鼠之类的动物时都会害怕。

在生活中，大多数人在看到蛇或蜘蛛、老鼠之类的动物时都会害怕。有研究表明，人类的这种恐惧心理是在进化过程中形成的，这种现象可以追溯到非常遥远的远古时代。那时的地球还是各种爬行动物的天下，而早期的哺乳动物为了生存和繁衍，不得不小心防范。在那些看上去很吓人的爬行动物中，有不少确实是对人类有致命危险的。

瑞典斯德哥尔摩的心理学家阿恩·奥赫曼说，在当时那种处处危机重重、步步险象环生的环境里，人类祖先在看到这些爬行动物时，大脑必然要保持高度的警惕，心情也一定是非常紧张的，可能这就是恐惧心理的由来。

奥赫曼参与了人类为何害怕蛇和蜘蛛的研究。有趣的是，这位科学家说自己小时候也曾经非常害怕蜘蛛，但是当他对蜘蛛有了深入的研究之后，那种恐惧之心便不复存在了。

而对于现代人来讲，蜘蛛明显已经对我们构不成威胁了。所以我们对于蜘蛛的恐惧是盲目而不理智的，事实上，我们大多数的恐惧都是如此。一个人若想控制这种不理智的恐惧，就必须先学会用逻辑分析问题。

现在你在心中默念：飞机坠毁。这时，你的大脑中可能会产生这样一幅景象：机舱冒着滚滚浓烟，夹杂着乘客的尖叫声，破碎的机身嘎吱乱响，整架飞机犹如一个巨大的火球在翻滚。这种场景可能会引起你的恐惧感，虽然它并没有发生。

但是如果告诉你，飞机坠毁的概率大约是百万分之一，你的恐惧感是不是会有所减轻。这就是理性的力量，它让你摆脱主观的想象，回到现实的逻辑思维中。

那些形象和容易被记起的风险，会给人更大的恐惧，但人们似乎没有将危险和概率放到一起去想一想。如果一件事非常危险，但是它发生的概率几乎为零，我们又有什么理由为此而感到恐惧呢?

对于普通人来讲，大脑的条件反射系统所产生的情感能够将大脑的分析能力挤到一边，也就是说我们的理性会被我们感性所击败，因而产生毫无意义、完全主观的恐惧心。因此，如想藏心，我们就必须让理性重新占领思想的高地，用逻辑思维去衡量眼前的威胁。

用意志力对抗恐惧

我们为什么会感到恐惧？在很多时候，是因为没有信心与眼前的困难作斗争，是因为我们的意志力不够顽强。

每个人在前进的道路上，肯定都会遇到这样或那样的困难。有些人在挫折中不断的锤炼着自己，愈挫愈勇；有些人则被眼前的困难搞得焦头烂额、丧失斗志，最终一事无成。作为一个藏心高手，首先必须是一个意志力顽强的人，因为只有这样的人，才能做到藏心。

“时间顺流而下，生活逆水行舟。”在人的一生中，困难将始终与你相伴，无论多幸运的人都是如此。既然困难不可避免，那我们就该勇敢面对，敢于对命运说：“让暴风雨来得更猛烈些吧！”

生活中，每一个人都会面临压力，没有人可以幸免。不管我们是否愿意，压力都会每天陪伴着我们。如果想在这个充满竞争的社会上获得更高的成就，学会变压力为动力就是一种必备的生存之道。

只有善于化解压力的人，才能向别人更好地展示自己的乐观、不屈不挠的精神，以及面对问题时积极思考的头脑。只有这样的人，才会得到别人的重视和尊敬。

这世界上有能力的人很多，但是最后能获得成功的却有限，这是因为，成功不仅仅需要能力，更需要意志。而成功路上的各种风雨坎坷，到最后都是对意志的考验。谁的意志顽强，就能冲出风雨见彩虹；谁意志薄弱，就将倒在成功最后一道大门之前。

卡耐基认为，在世界上，没有别的东西可以替代坚忍的意志，教育不能替代，父辈的遗产也不能替代，而命运更不能替代。秉性坚韧，是成大事、立大业者的特征。由此可见，“如何面对困难”，是成功者和失败者之间的一道分水岭。成功者能够迈过困难的阻挠，而失败者却总是在困难面前止步不前，最终一生流于平凡。

在 FBI 的历史上，有许多次重大任务的成败就在一线之间。在 FBI 特工遇到困难，情绪低落的时候，都会听到威尔金斯说的一句话：“坚持最后 5 分钟。”

威尔金斯说：“法国拿破仑那句名言‘最后 5 分钟’，我们千万不能忘记。最后 5 分钟是决定胜负的关头。”结果，特工们总能在最关键的时刻压倒困难，压倒自己心中的恐惧之心，赢得胜利。

高手对决的战场，“最后 5 分钟”是决定胜败的关键；但就是这“最后 5 分钟”，往往最难坚持。威尔金斯说过一句话：“当你最严重困难的时候，也是敌人最严重困难的时候；常常是当你因困难而决心动摇的时候，也正是敌人对胜利已感到绝望的时候。这种时机是最紧要的关头，这种时机决定于何方能坚持，何方能熬过这最后的 5 分钟，何方就能取得胜利，因此我们要坚持最后 5 分钟。”

其实，做人和执行任务一样，“千锤敲锣，一锤定音”。在追求梦想的路上，也许你已经经历过太多的苦难和不幸，但是你记着，千万不要丧失动力，更不要感到恐惧，只要坚持到日出云开，成功就是你的。

那些能穿破一次次困难，到达理想境地的人，最终都能获得成功。但是要做到这一点谈何容易！有人遇到了一次失败，便把它看作是“滑铁卢”，从此便失去了勇气，一蹶不振。可是在刚强坚毅者的眼里，永远没有所谓的滑铁卢。他们即使暂时陷入低谷，也不以一时失败为最后的结局，还会投入下一场战斗中。所以他们能在每次失败后马上再重新站起，而且比以前更有决心、更有毅力的向前迈进，不达目的绝不罢休。

一个人想拥有面对困难时百折不挠的精神，没有一颗坚忍的心是万万不可能的。但凡有所成就的人，做每件事都会坚忍不拔，全力以赴。不管成功的几率多大，哪怕只有百分之一的把握，他们也会百分之百地努力。

一个有着坚强意志力的人，便有创造的力量。不论做什么事都要有坚强的意志，任何事情只有付出极大的努力才能获得成功。拥有顽强意志力的人，在面对困难或突发事件时常表现得镇定自若、异常冷静，这样才能发挥内在的潜能，找到解决问题的办法。

一个人想拥有面对困难时百折不挠的精神，没有一颗坚忍的心是万万不可能的。

至于如何增强意志，只有在一次次经历中去培养和磨练。单纯的口号，不仅不能体现出霸气，反而会让你如纸老虎一般，一碰就破。

意志力的强大力量是难以想象的，它能克服一切困难，不论所经历的时间有多长，付出的代价有多大，无坚不摧的意志力终能帮助人达到成功的目的。

爱默生说过：“伟大高贵的人物最明显的标志，就是他坚定的意志，不管环境变化到何种地步，他的初衷与希望，仍然不会有丝毫的改变，而终至克服障碍，以达到所企望的目的。”

意志力强的人，心中充满了无限的可能性，他相信一切都是足以超越的——只要你认为“能”，就一定“能”！

自我安慰对抗恐惧

虽然我们讲了许多恐惧心理的缺点和应对办法，但是我们也不能否认，这个世界上确实有许多值得恐惧的东西。在这些东西面前，我们无法克制自己的恐惧，唯一能做的，就是学会自我安慰。下面，我们就讲一讲几个自我安慰的方法。

第一个安慰：最重要的是今天的心。

何必为曾经的悔恨而影响到今天的好心情？何必为未来的不可预知而担心恐惧？过去的一切都已经过去，未来则是可望而不可及，只有今天才是最真实的。

经常为FBI提供心理援助的专家曾经做过这样一个实验：让志愿者们做这样一件事：周日的晚上，把自己对未来一周的忧虑与烦恼写在一张纸上，签上自己的大名之后，将纸条投入到一个箱子里面。

一个礼拜之后，心理学家打开了这个箱子，将所有的“烦恼”还给其所属的主人，并让志愿者们逐一核对自己的烦恼是否真的发生了。

结果是：90%的人所担心的那些可能会让自己烦恼的事儿都没发生。事情虽然没有发生，但是他们在过去的一个礼拜时间里却“实实在在”地烦恼了7天。

这个实验结束之后，心理学家又让志愿者把过去一周真正发生过的烦恼记录下来，又投入到那个箱子里。

还是在一周之后，心理学家再次把箱子打开，让志愿者重新核对自己写下的烦恼。志愿者在看了自己一周之前的那些烦恼之后，都后悔地说：当初那些事情其实根本就不值得我们去烦恼。

这就是说，他们当初为了不值得烦恼的事情而烦恼了那么长时间。

最后，心理学家总结说："通过这个实验，我都不敢确定这个世界是否真的有事情值得我们去烦恼。可是，我们却永远也放不下烦恼。从这一点上来讲，人确实是种愚蠢的动物。"

第二个安慰：自己的心痛只能自己疗。

何必为痛苦的悔恨而失去现在的心情。其实，我们之所以不幸福，都是因为放不下过去，看不破未来。

17 世纪法国科学家兼思想家巴斯葛，在他的《沉思者》一文中有一段话："我们向来不曾把握现在；不是沉湎于过去，就是殷盼着未来；不是拼命设法抓住已经如风的往事，就是觉得时光的脚步太慢，拼命使未来早点到临。我们实在太傻，竟然流连于并不属于我们的时光，而忽视唯一真正属于我们的此刻。"

第三个安慰：好心境是自己创造的。

古诗有云"芭蕉叶上无愁雨，只是听时人断肠"。雨本没有感情，如何变成了愁雨？只因听雨的人心中有愁苦。同样的雨，如果给心情愉快的人听，恐怕又是另一番光景了。

很多时候，我们的心境决定了我们眼中的世界。本来是阳光明媚的世界，只因我们心情不好，也会变得暗淡无光。因为心情的变幻，我们错过了多少良辰美景？所以，若想让世界变得更美丽，就不能常常执著于某种念头，那样会让我们忽视人生道路上的种种美丽，适当的转弯也许能够带来更加美丽的风景。

第四个安慰：用心做自己该做的事。

人生是如此的短暂，哪有心思去浪费呢？哲人曾经说过：大街上有人骂我，我是连头也不回的，根本不想知道这个无聊之人！我们既不要去伤害人家，也不要被别人的批评左右，还是按照自己的愿望，先踏踏实实学好本领再说。特别是在少年时要全力以赴学本领，不要分心。

《冰山在融化》讲述了一个关于危机的故事。

在南极洲的一个企鹅王国，企鹅们世代生活在一座冰山上。一天，有一只善于观察的企业——弗雷德发现冰山正在逐渐融化，它们的生存环境正面临着可怕的危机。它把这个消息告诉了自己的同类。

其他企鹅一听自己的冰山要完了，马上变得惶恐不安起来。它们整天都在沮丧地说："我们就要完了，我们还这么年轻，冰山融化了，我们谁都活不了。"整个企鹅岛因为一个坏消息而变得乱糟糟。

只有弗雷德的心态还比较好，它对自己说："冰山融化虽然可怕，但是这世界上有那么多冰山，我们总能找到一处新的可以安家的地方。

于是，在别人惶恐哭泣之时，弗雷德忙着寻找一个新的安家之处。不久之后，它果然发现了一座新冰山。在它的带领下，所有的企鹅都来到新的冰山，重获新生。

这个故事就是说，在事情面前，恐惧不能解决问题，只有用心做事才是王道！

第五个安慰：别总是跟自己过不去。

人生在世难免受到各种欲望的纠缠：生欲、死欲、食欲、睡欲、情欲、权欲、金钱欲、出名欲、求知欲、事业欲、健康欲、运动欲、旅游欲、出国欲、自我表现欲，还有很多欲望甚至难以用某一个具体的词汇去概括。人活在如此纷繁的欲望中，如果不能克制自己，将会是多大的灾难！而我们追寻过多的欲望，实际上就是在和自己过不去。

第六个安慰：不要追逐世俗的荣誉。

终生寻找所谓别人认可的东西，会永远痛失自己的快乐和幸福。庸俗的评论会湮灭自己的个性，世俗的指点会让自己不知所措。为钱而钱会使自己六亲不认，为权而权会使自己胆大妄为，为名而名会使自己巧取强夺，真实的我们在刻意的追逐之中，会变成一张张碎片随风飘扬，世俗的我们会变得面目可憎。得到了媚俗，失去了真实，要坚定信心，拥有自我。

第七个安慰：极端不可取。

有些人常常因为忧虑过度，而导致自己精神失常；有些人却因为麻木不仁，造成自己对任何事情都无动于衷。前者常为寻找理性而痛苦，因聪明过头而失败，愚蠢的根源在于什么都懊悔。后者不知悔恨为何物，整天稀里糊涂地生活，活着与死去没有什么区别。走极端总是惨遭失败，我们需要寻找人生的智慧。

第八个安慰：注意不要活得太累。

常有人感叹，活得真累。累，是精神上的压力大；累，是心理上的负担重。累与不累总是相对的，要想不累，就要学会放松，生活贵在有张有弛。心累，使人长期陷于亚健康状态；心累，会使自己精神不振。心别太累，学会解脱自己。

累与不累总是相对的，要想不累，就要学会放松，生活贵在有张有弛。

自信让你永不畏惧

拥有自信的人，不管出现什么情况，都能够排除一切万能，他们的气场告诉周围的人：没有什么不可能的事。一个自信的人，是永远不会感到害怕的！

恐惧是一种胆小怕事的心态，它就像个左右人心智的魔鬼，让人做事畏首畏尾，在人前显示出一副无能的样子。这种人没有自信，他们的情绪常常是消极的，就算有机会摆在面前，也会拱手让人。这可能是因为他们过去遭受过失意和打击，对自己和前途缺乏自信，不敢为自己的未来付出行动，总是在考虑行动的结果，消极地面对眼前的事实，终日处在忧虑之中。

FBI 特工卡恩曾经当过一次“心理治疗师”。当时一位很有名气的跳高选手，在获得一系列的成绩后，开始陷入了低谷。他只要一接触跳杆就会丧失自信，就开始认为自己不行，失败的念头就会涌上心头，使他没有勇气去起跳。

当时他的教练认为：这一定是竞争对手在背地里下黑手，所以找来了朋友——FBI 特工卡恩，想让卡恩搞明白这到底是怎么回事。

通过几次观察，卡恩很快发现了问题的症结所在：这个跳高选手一路走来都是顺顺利利的，没有经历过挫折，所以没有足够的抗挫折能力，就像温室的花朵一样，没经历过风雨，所以一点的风吹雨打就会枯萎凋谢。

针对这种情况，卡恩对他的教练说：“你的队员发挥不好，完全是自己的原因。不过，我可以用训练特工的方式，来帮助他走出低谷。”教练答应了卡恩的要求。

从那以后，卡恩开始对症下药，锻炼他的抗挫折能力。他告诉那个跳高选手，下一次去跳高的时候一定要面带微笑，要自信，要藐视栏杆，当它是游戏，跳不过就重新再来。

那位选手狠狠地点了点头，他照着卡恩教他的方法，带着自信的微笑助跑，起跳，纵身一跃，他成功了，他跳出了心理的障碍！此后几年，他不仅重新站在了领奖台上，而且超越了过去两年的最佳纪录。他的体坛之路越走越成功。

在一次采访中，他还提到过这件事。他对记者说，他之所以有今天的成就，有一个人功不可没，那就是他的卡恩“老师”。是卡恩教会了他面对挫折要微笑，要乐观，要对自己说我可以。

事实上，这个世界上并没有那么多值得担忧的事情。就算你对一件事情产生了忧虑时，你也不该总是去想最坏的结果，因为忧虑的事情可能会出现，也可能不会出现，只有这两种可能。当它发生了，那就去积极地解决，想得再多也无济于事，反倒是给自己上了枷锁。久而久之，就会影响你的心态，让你对一切事物都忧心忡忡。若是真的养成了这样的习惯，你就只能白白地消耗时间和精力，整个人的气场也会沉浸在一片忧郁之中。

恐惧多数情况下都是心理作用。不过，它会抹杀你的潜能，削弱你的自信。相信在你感到恐惧，并将这种恐惧的感受告诉他人的时候，你的亲人朋友一定会对你说：“哦，不要怕，那都是你的幻想，没有什么可怕的！”这种安慰可能会暂时消除你的恐惧，但它却没有持久的“药效”，因为你的心态没有转变，你没有建立信心消除恐惧。

自信的心态是看不见的法宝，能够发出惊人的力量，让你克服恐惧，克服万难。如果你用积极的心态发挥自己的思想，并相信成功是你的权力，你的信心就会使你成就你所制定的目标。如果你因为恐惧而消极了，满脑子都是恐惧和失败，那么你的结果也就是这些了。

所以，你不要再担忧害怕了，给自己一点信心和鼓励，打败你内心的那个魔鬼。告诉自己：“我是幸运的，我是顺利的，我注定是不平庸的，没有什么可以击倒我。”

自信的心态是看不见的法宝，能够发出惊人的力量，让你克服恐惧，克服万难。

当一个人的心态是积极的，是充满自信的，他就萌生了巨大的勇气，会用积极的行为去改变自己的处境。

生活中难免会遇到有挑战性的事物，或是一些棘手的问题。如果我们被吓倒了，在气势上短了一截，认定了自己挨不过，那就只有“认命”的份儿了。一个人若是消极处世，气场就会慢慢消失，最终沦为一个不起眼的平庸之辈，过着淡然无味的生活。

事实上，很多看似强大的、不可战胜的东西，并不如我们想得那么可怕，如果因此而消极，就会失去许多成功的机会。有时候，它们的强大只是源于我们内心的弱小。

电影《风雨哈佛路》讲述了一个令人发奋的故事：

生长在纽约的女孩莉斯，没有良好的家庭环境，父母吸毒，周围的人也都是得过且过，仿佛环境注定了他们未来的人生路。她小小年纪经历了人生的艰辛和辛酸，但却没有丝毫抱怨，也没有就此沉沦。她始终相信，凭借自己的信念和努力可以改变现在的一切。

最终，这个贫苦的女孩用乐观的心态和顽强的毅力改写了自己的人生，梦寐以求的哈佛大学向她敞开了双臂。她用自己亲身的经历告诉世人：人生其实可以改变。

我们从来不会被生活打败，我们只会被自己打败，败在自己的心态上。有些事情，我们只有努力去尝试，努力去做，才有可能变为现实。如果连试一下的勇气都没有，始终抱着“我不行”的态度，那又谈什么成功呢？

摆脱对压力的恐惧

当我们对眼前的大量工作不能很好地应对时，内心就会产生恐惧。这种恐惧会让我们不安、担心或焦虑。这就是压力产生的原因。

毫不客气地说，在大多数时候，压力是我们自找的。我们总是在想“我也许一次便能做完这些事”，而这个想法是产生压力的根源。我们总想尝试着去做自己能力范围之外的事情，并且因此做了许多“无用功”，结果让人垂头丧气。

若想隐藏我们对压力的恐惧之心，其实也非常简单，那就是——一次做好一件事。如果我们遵循这个道理，将所有精力都集中于正在做的这一件事上，就会发现，所有的压力都不见了，自然也就不会对压力产生恐惧。

如今，有些人奉行“多任务”工作法。对大多数人而言，这种工作法其实是毫无意义的骗局。无论在哪个领域，顶尖高手会集中精力“各个击破”，而不是同时完成多项任务。

在生活中，我们经常可以看到一些业务员在穿越马路时还在给客户打电话，事实上，这些辛勤的业务员通常都是最为平庸的人。顶尖销售人士永远不会那样做，因为当他们想打这样的电话时，会找一个能够集中注意力的时间和环境。

事实上，那些在穿越马路时还在给客户打电话的业务员通常都是最为平庸的人。

FBI心理学专家詹姆斯·戈登·吉尔奇博士在1944年的时候，曾经发表过一篇文章叫“获得情绪平衡”，此文曾几乎在一夜之间便成为了缓解压力和恐惧的经典。

凭借多年的FBI工作经验，吉尔奇发现，精神崩溃、担忧以及所有其他个人问题，都是因为他们想同时完成更多的事情。在对FBI特工心理辅导的过程中，吉尔奇发现，那些压力大、经常感到恐惧的特工，都是在同时执行多项任务，而且他们总是喜欢将多项任务同时进行下去。

有一次，在看到一个沙漏之后，吉尔奇受到了启发。他突然想到：就像一次只能有一粒沙子通过沙漏一样，我们也只能每次完成一件事情。使我们陷入困境的不是工作本身，而是我们对工作的固执看法。

吉尔奇说：“多数人之所以感觉匆匆忙忙、筋疲力尽，是因为对自身义务、责任和职责的错误认识。在某个特定时刻，似乎有十几件不同的事同时压在我们身上，有十几件不同的事要做，有十几个不同的问题要解决，有十几种不同的压力要承受。”

为了控制自己对于压力的恐惧，我们不妨买个沙漏，放在一个显眼的地方，在它上面或旁边贴一个小告示，上面写着“一次一粒沙”。让它提醒你每次只能做好一件事，久而久之，你对于压力的恐惧之心会大大减少。

当然，我们也应该意识到，即便是每次只做一件事，如果这件事的困难度足够高的话，还是会对我们形成压力，进而让我们产生恐惧。这时候，我们需要引入另一种减轻压力的办法，那就是把很难处理的事情放到明天。

如果你整天被一个棘手的问题所困扰，不能有所进展，不妨把它从大脑中剔除，推迟做决定的时间。请记住：只有在你的意识不存在过多干扰时，工作效率才会最高。

爱迪生的夫人说，每天晚上，爱迪生都会把第二天要做的事情先在脑子里过一遍。更重要的是，爱迪生习惯于在遇到难题时“打盹”。他打盹不只是为了休息一下，而是一种暂时的“放下”。

约瑟夫·罗斯曼在《发明心理学》中说：“被某个问题难倒时，他会在位于门罗的工作室伸直身子平躺着，打个盹，从睡梦中得到某个主意，来帮助他解决难题。”

由此可见，我们在面对压力时，确实需要采取一些迂回策略，不能总是和压力“较真”，那样只会助长压力的气焰。

当你克服了自己的压力之后，就会发现自己的恐惧也会相应的消失。而此时，你在工作中的焦躁和不安也会被藏起来，这就是藏心术的妙处。

接纳真实的自己

每个人都是独立的．一个人接纳另一个人很难，但一个人接纳自己更难。我们时常对自己不满，为自己的缺点懊恼与烦闷，千方百计想掩饰。自己面对自己时，我们常常会陷入惧怕与悔恨中不能自拔。

太多人之所以会对生活有那么多的不满，其实不是外界影响，而是因为对自己的境遇有太多的不满。这种想法大部分人都有，但是从实践的角度来讲，对自己不满又有什么用呢？自己又不像别的物件，不喜欢了就可以随时扔掉；也不和别人一样，合得来便相处，合不来便分手，用不着去委曲求全。我们自己不可能把自己扔掉，也不可能自己与自己“绝交”。

自我是一个不可能逃避的话题，无论你情愿也好，不情愿也罢，满意时，它和你在一起．不满意时它同样不会离开你。生命的无奈也在于此。

有的人很早就接受了自己，有的人至死都无法接受自己。尽管我们知道，相貌、性格和生命一样，都是我们所不能自由选择的，然而，对于自己的不满意，却时刻折磨着我们。丑陋使我们不敢大声讲话，不敢仰起头走路，不敢面对他人的注视，在美丽的人面前，我们更本能地感到自卑。总希望有一天，魔镜会突然出现，告诉你是天下第一美人。

性情也是我们在不知不觉中形成的。虽然我们并不对自己的容貌与性情负完全的责任．但我们却不得不每日面对它。苏格拉底能够认识自己，接受自己，才宣称自己自知其无知。我们虽不能像苏格拉底那样，自知自己无知，但接受自己是无知的．却是可以做到。

接受自己有多种方式，因为世界上有照脸的镜子，但没有照心的镜子，也因为这都是自己的私事，别人可干涉不上。

对自己的优点，我们不去自己挑明，而千方百计诱导别人说出，这其中的奥妙值得品味。自己说的，那叫自我吹嘘，叫逞能；别人说的，是“客观”，是“实事求是”。聪明的人最善用这一招，临了还会让对方说一句，你真谦虚。

FBI 特工范甘迪，在年轻的时候由于其貌不扬，往往被别人轻视，他为此非常苦恼。

等到范甘迪去参加 FBI 特工的选拔时，他心里其实也没底。虽然他自信能力出众，但是一想到自己的相貌可能会让自己扣分，他就非常害怕。

几个月后，选拔结果出来了。范甘迪如愿以偿，成为了一名 FBI 特工。在他上班的第一天，他的教官告诉他：你之所以能够击败众多有实力的竞争者，就是因为你的相貌

对于自己的缺点，我们难以接受，更不愿意被别人指出，尤其是当众指出。领导每次作完报告都要说“欢迎批评指正”之类的活，你可千万不要当真。这意见不能“指”，更不能“正”，只能当作没有，最好本来就没有。不然，你肯定会免费获得许多“小鞋”穿。

比较聪明的一种是：人贵有自知之明。只有自己知道了，自己觉察出问题，神不知鬼不觉地改掉，这才是上上之策。

接纳自己需要勇气，也需要毅力。接纳自己，是一个漫长而艰苦的过程，也是一个人长大、成熟的过程。这当然是一个痛苦的经历，因为我们会逐渐发现，自己不是那样完美，也不可能变成理想的自己。接纳自己的优点也接纳自己的缺点，直面自己的优点需要勇气，直面自己的缺点更需要坦诚，需要包容。

只有当我们能够容忍自己不足的时候，才能以正确的价值观面对整个世界。在生活中，我们总会听到很多感叹命运不公的声音。但事实上，生命中最大的不公平就是连自己也无法容忍自己。你想一想，一个

人连自己都不能容忍，他还能再容忍什么？因为不能容忍，所以生命就有了不公。

接纳自己，是一个漫长而艰苦的过程，也是一个人长大、成熟的过程。

正如贝多芬说的那样，他要扼住命运的喉咙。在我们看来，他之所以扼住了命运的喉咙，首先就是因为他认同了自己的不足。古往今来，人类从茹毛饮血的远古走到科技发达的今天，靠的就是主宰命运的双手：靠这双手打制工具，开始创造辉煌文明的征程；靠这双手筑屋修路，营造安稳和平的生存环境；靠这双手，创造整个人类的璀璨文明！而对于我们自己，我们每一个人也能靠这双手规划生命的轨迹，成就未来的辉煌，主宰自己的命运。

第七章
要矜持！——避开呼之欲出的喜爱之情

时下所讲的矜持的意义是什么？是理性对表情和身体语言的掌控。

我们要区别矜持与拘谨，二者内容相似，级别高下立见。打个比方，矜持是熟练技师，拘谨是新工学徒。矜持是鱼儿饮水，冷暖自知；拘谨是首次烧香，一步一鬼。

矜持来源于对自己身份的敏感把握。若是把握不定，矜持作为一种情态，经常与犹豫、猜忌、狐疑以及自信心缺乏等非常心理胶着在一起。因为对自己身份的警觉，唯恐不能应付自如的时候，理智便要出任策划与导演，矜持便会粉墨登场，领衔主演。举手投足之间，理智总要指导干预，以免演技拙劣、动作走形，被人家看出破绽，从而丢人现眼。

关于矜持的体现

这一节，我们可以定义为“女子藏心术”。因为我们所讲的内容是关于矜持的，而矜持则大多是用来形容女性的。

《第二性》提出了一句脍炙人口且富有哲理的名言：“女子不是天生的，而是生成的。”一个女人在成长的过程中，渐渐变得矜持而理性，因此更富魅力。如果从藏心术的角度去考较矜持的话，你会发现，矜持其实是一种内敛、包藏的美德，也是藏心术的要旨所在。

在分析矜持之前，我们有必要先了解一下矜持的含义。按照汉语词典的解释，矜持的解释主要有两个。

第一个解释是局促、拘束的意思。如：“这个小姑娘在众人面前有点矜持。”但是实际上，对于女性来说，矜持往往还指女性因为自己的性别特征而在异性面前表现的局促、拘束的心态和行为。

第二个解释是自鸣得意、自负的意思。如：“家世殷厚，雅自矜持”。显然，这其中有孤芳自赏的意味在里面。女性，尤其是文化修养比较高的女性，我们说她们矜持的时候，往往指的是她们对自己优良品质有信心的一种傲气。

矜持其实放到爱情心理的领域更为合适。因为在爱情心理领域，由于女性天生的被动性和含蓄特点，所以她们往往表现得更加矜持一点。

但是，随着社会的发展，我们发现，许多女性似乎忘了矜持的美德，她们更奔放、更男性化，并且成为了一种趋势。这种趋势，对于女性而言其实并不见得是好事，因为放弃矜持，就等于放开了自己的心理防线，会受到控制和支配。所以，女性朋友还是要学着矜持一点，藏住自己的喜爱之情。

2006 年 10 月 6 日，俄罗斯总统普京在克里姆林宫向各界优秀人士颁发国家奖章。原本这只是一场普通的颁奖仪式，然而就在普京给女演员尼娜·尼古拉耶芙娜·乌尔甘特颁发祖国贡献三等奖章时，意外发生了：

当时，普京面带微笑，为尼娜戴上了荣誉勋章。这位女演员表现得兴奋异常，突然搂住了丝毫没有防备的总统。她双手紧紧抱住普京的腰，情不自禁地偎依在总统胸前。

顿时，全场一片惊讶。甚至就连一贯冷峻的普京总统，这一瞬间也出现了一点点慌乱和羞涩，显得非常惊讶、手忙脚乱、尴尬万分。

由于女演员的不矜持，让总统都尴尬万分。由此可见，不矜持有时会给别人带来一定的困扰。当然，我们这个故事中的主人公是异国人士，出于风俗文化的考虑，人家的这种行动也似乎无可厚非。但是就事论事，作为中国人，我们还是显得矜持一点更好。

FBI 人类行为学专家史密斯说：女性的矜持可以通过动作表现出来。跷二郎腿的标准姿势，就是指一条腿搭在另一条腿上，一般情况下是左腿搭到右腿上，这是矜持感的体现。

不过这种动作也可能是因为长期的端坐感到不适之后的表现，所包含的意义还得看别的一些动作和手势。比如说，人们经常是在听课或长时间坐不舒服椅子时也采用这个姿势。如果一个人挨冻，也会本能地采用这个姿势。

如果一个人跷二郎腿又双臂交叉抱胸，说明这个人是在明显避开谈话。一个销售代表如果执意向一个跷二郎腿又双臂抱胸的顾客兜售自己的产品，那可是最愚蠢不过的了，倒不妨问问对方，为什么会采取这种不合作的态度。

如果说对于男人来讲，腿代表力量和速度的话，那么对于女性而言，腿则是情绪的一种表达方式。

如果一个人是一条腿呈半弓形搭在另一条腿上，说明这个人有一种竞赛和抗拒心理。这种姿势在美国相当流行，尤其是在特别讲究竞争的男人圈子里。

“交叉合拢”的跷腿再搭上手，采取这种动作的人，很难在与人交往的时候改变自己的意见或者是观点。通常来说，他们跷起二郎腿，又用自己的手扶住自己的腿，这种姿势说明这个主人有敌意。所以，你如果有这种习惯性动作，请试着收敛一些，要不然，别人会很轻易地看到你的固执，而不会给人矜持的感觉。

在会议或招待会上，往往可以看到有一些人双臂和双腿交叉站着，他们彼此间的距离比其他人要远一些。如果他们穿西服上衣，那么他们的扣子会全部都扣着。如果有人跟他们谈话，可以发现他们中有一人或所有人都是第一次来到这种场合，就是这些人爱采用这种姿势。

第一次出席会议或招待会的人爱采用双臂和双腿交叉站着这种姿势。

还有另一种人，和上一种人正好相反。这些人站在那里，手不但不交叉，还张开手掌，西服也不系扣，一句话，他们看起来是无拘无束的样子。他们彼此稍稍点头示意，互相之间可以聊一些比较私人的话题，也允许别人问同类的话题。这种情况表明，他们对眼前的环境充满了熟悉，这里肯定有许多朋友。

有趣的是，那些手脚交叉站着的人经常表现出一种心情平静的样子，谈话也显得相当随意。这样的动作对于男人而言虽然看起来比较潇洒，但是女人如果也这样的话，会给人不矜持的感觉。

羞涩是怎么回事

人在某些情况下，容易感到羞涩。这是人之常情，但是往往会过早的暴露你心中的喜爱之情。所以，我们应该学会藏住自己的羞涩之情。

要想藏住羞涩，我们必须先搞明白羞涩是从哪里来的。

从心理学的角度来看：羞涩心理产生的原因，是由于神经活动过分敏感和后来形成的消极性自我防御机制。通常情况下，那些内向或者是有抑郁气质的人，在大庭广众之下不善于表达自己，所以才会显得羞涩。

很多羞涩的人想摆脱羞涩，但是越是想摆脱，反而表现得越羞涩。

从根本上讲，羞涩其实是一种心理防备机制。人之所以感到羞涩，是为了掩饰自己心中的某种情感。但是，大多数人似乎都能认识到羞涩所表达的意愿，所以，羞涩其实恰恰暴露了你的内心。如果你想要变得矜持一点，就要学会隐藏自己的羞涩。

隐藏羞涩的第一步，就是接纳羞涩。

很多羞涩的人想摆脱羞涩，但是越是想摆脱，反而表现得越羞涩。因此，要接纳羞涩的表现，就要应该接纳自己的羞涩，认识到羞涩是一种正常的心理，是每个人都会有的反应。只有你能正确认识羞涩，才能在羞涩来临时不显得那么窘迫，将自己完全暴露出去。

FBI特工珍妮原来是个非常害羞的人。在参加工作之后，她因为不能控制自己的害羞之情，所以迟迟不能进入工作状态。

她自己也为自己的这种心态而困扰，非常苦恼。最后有一位前辈对她说："羞涩是人之常情，如果你不能克制，不妨去正视它，或许反倒会克服自己的负面心态。"

珍妮在得到前辈的教导之后，开始正视自己的这种心理特点。

有一次，FBI特工需要密切监视一个敌国间谍。为了不引起对方的注意，总部要求珍妮和另一个男性同事伪装成一对情侣，潜伏在对方的周围。

珍妮很好的完全了这次任务。他的上司赞扬她说："珍妮，你不当演员可惜了。你和同事假装的情侣，简直惟妙惟肖，连恋爱中的那种羞涩之情都非常传神。"

那一刻，珍妮才知道，原来自己的这种性格，对于工作并不是完全没有好处的。她开始正视自己的羞涩，再也不为此而感到苦恼了，并且逐渐克服了自己过分的羞涩。

除了正视羞涩之外，想要克服羞涩还得增强自信，因为羞涩的根源部分在于看不到自己的优点，总是认为自己无能，无法给别人留下好印象。实际上，任何人都有自己的长处和短处，只要学会欣赏自己，增加交往的勇气，就会表现得更加出色，也会博得更多人的喜爱和肯定。如果一味地在意别人的看法，那就会限制了自己，使羞涩心理越来越严重。

2011年6月4日，28岁的中国“金花”李娜夺得了法国网球公开赛的冠军。在那之后，全球媒体对她充满了欣赏。这不仅因为她是第一位获得法网冠军的亚洲人，也源自她幽默的谈吐，直爽的个性。

在李娜之前，中国体坛也出现了非常多的优秀运动员，他们在一些重大的体育赛事中成为国家的一个符号。但是大部分中国运动员往往显得过于含蓄羞涩，他们言行拘谨，常有怯生生的表现。美国资深网球摄影记者辛西娅·兰姆就曾经这样评价中国运动员：“他们不疯狂，也不激动，他们的表情都是一模一样的。”但是李娜的出现，却改变了世界对中国运动员的这种认识。

李娜在网球场的表现充满了如火的激情和无边的自信，这正是她的个性使然。无论何时何地，李娜总显得与众不同：她胸口刺着玫瑰刺青，让自己的丈夫当教练，赢球之后首先感谢赞助商……

李娜为什么会成功呢？除了李娜自己本身高超的技术之外，与她的个性也有很大关系。不要小看个性的力量，就体育比赛而言，第一是对技战术的考验，除此之外，更关键的是对心理素质的考验。在心理层面上，个性十足、自信满满的李娜自然拥有更多优势。

想要克服羞涩，还要多争取锻炼机会。针对自己怕羞胆怯的心理，可以有计划地采取一些训练方法。例如，在大庭广众的场合，全神贯注地做自己的事情；多结交个性开朗、外向的朋友，学习他们泰然自若的风度举止。当出现不安时，可以不断地给自己积极的暗示：“没什么可怕的。”

但是，克服羞涩的训练方式只可循序渐进，应先在自己熟悉的环境中锻炼与人交往，然后再一步一步地增加情境的陌生性与难度。

“羡慕嫉妒恨”产生的原因

羡慕嫉妒恨是现在网络上的一句流行语。这明显是一种不健康的心态，作为一个藏心高手，一定要学会隐藏和克制自己的这种心态。

所谓羡慕，就是当看到别人比自己强的时候，把别人看得比自己高。所谓人往高处走，当看到别人比自己强的时候，就会产生向对方“靠拢”的心态。如果自己与别人差距太大，没有什么可比性，也就是心理学上说的“自我边界感明显”；此时，人不会因为羡慕而产生嫉妒。

作为一个藏心的高手，一定要学会隐藏和克制自己的羡慕嫉妒恨心态。

比如，我们羡慕爱因斯坦的高智商，羡慕比尔·盖茨的财富，但是我们不会嫉妒他们，因为人家智商高、有钱，跟我们没有直接竞争关系、利害关系。而且我们也不太可能成为他们那样的人，所以他们强大他们的，与我们的强大或是弱小不相干，所以我们也不会去憎恨他们。对于自己认同的对象，爱得多，恨得少，就叫“羡慕”。

假如我们发现自己身边的某个同事或同学比我们强，我们对他们也会产生认同感，想让自己成为他们那样的人。可是，因为我们有机会和他们近距离接触，这时候，我们可能认为“他的长相比我更漂亮”，“他的智慧比我更出色”，“他的身体更有力或更有曲线”。这时他们的优秀就会显得自己更平庸。在和这些人相处时，我们会感到压力，会觉得自己不如别人，会气愤他们为什么总是比我们强?! 从而使我们的内心产生低自信、低自尊。

所以，在嫉妒的时候，其对象与自己往往是平等地位的人，条件本来是差不多的人，如同学、同事、兄弟姐妹等。

为什么会恨呢？因为他们的强大和优秀，映照出了我们的劣势与弱小。他们抢走了我们的利益，比如，抢走了我们的表扬、尊重、职位、考学机会、晋升机会等，这其中包含了认同与竞争这两个成分。精神分析中经常提的一个名词叫做“向竞争者认同”，大概说的就是这个意思。

FBI 曾经侦破过一起由于羡慕而产生恨意，最终酿成悲剧的案件：2010 年 6 月，一名美国女子被控烧死前男友，并殃及邻居一家导致 3 人死亡。

案发时，这名杀人嫌犯自己也被火焰吞噬，她带着熊熊燃烧的烈焰奔出公寓楼求救的可怕景象恰巧被楼外的监控录像拍摄下来。最终，这名女子获救，脱离了生命危险，但是她 32 岁的前男友却因全身大面积烧伤死在医院。

发生在前男友家的大火殃及住在楼上的山杜瓦一家，山杜瓦太太曾爬出窗外求救，却在救援人员赶到前因力竭从楼上坠下身亡，她的丈夫和 20 岁的儿子被烧死在家中。

事后，经过 FBI 一番调查才得知悲剧发生的原因。原来，这个女子在和前男友分手之后，生活陷入了困顿之中。但是她的前男友却重新组建了一个幸福的家庭，她因羡慕而产生了恨意，所以才做出如此不理智的事情。

嫉妒和恨让人失去了理智，所以我们很有必须克制和隐藏自己因羡慕而产生的嫉妒和恨意。

如果在竞争中被自己所羡慕的人打败，首先就会产生愤怒。愤怒其实不可怕，因为愤怒比较容易发泄出去，比如说在下一次竞争中战胜对手，愤怒就可以发泄出去。

但是如果没有有效的战胜对手的手段或者是其他的发泄愤怒的途径，愤怒压抑在内心深处，就会变得更加憎恨，这时就叫做“嫉妒”。嫉妒往往意味着竞争失败时的深层压抑，而压抑之后，会以更加隐蔽的手段与对手竞争，这更像是在江湖上正面进攻打不过对手的时候，就使用暗器。所以，嫉妒很可能会让人迷失自我，将自己阴险狡诈的一面暴露给别人。

“嫉妒”这两个字，有个非常明显的共同点——都有“女”字边，这或许暗示女性更容易产生嫉妒心理。比如说，我们在想起“争风吃醋”这个词的时候，首先就会联想到女人。

为什么会是这样的呢？这是因为，女人在男权文化里边，想得到某些东西，包括想得到男人的宠爱，她们不敢直说，闷在心里。看到别的女人率先得到了，自己就会感到气愤和憎恨，感到自己的弱小、无能，感到自己不被赏识，甚至感到自己被遗弃。在男权社会中，女人处于弱势地位，经常是被动等待给予，很少是主动获取。这使得女人之间的竞争更具有隐蔽性。

怀有嫉妒心的人，经常会想：“我们都是一样的人，为什么你就比我强？为什么你比我得到更多？”他们往往认为这个世界不公平。

有嫉妒心的人，往往很在乎当前的胜败得失。他们会这样认为：“这一次失败后，即使以后再怎么努力，也无法挽回这次的失败。”如果一个人在这次失败后，他心里想着“君子报仇，十年不晚”的话，那么他就会将自己的精力用在提升自我能力上，而少有闲心去嫉妒别人了。

别轻易表达喜怒之情

人是感情动物，所以会有表情的波动，这是人和动物最大的区别。不过，有人控制情绪的功夫一流，他们喜怒不形于色，是藏心的高手，但是有人则说哭就哭，说笑就笑，当然，说生气就生气！

那些情绪外露的人，表情也比较丰富。有人认为这是率真的表现，是一种很可爱的人格特质。这么说也不是没有道理，因为喜怒哀乐都表现在脸上的人，别人容易了解，也不会有戒心。而且，有情绪就发泄，不积压在心里，也是个不错的排忧解闷的方法。

但现实生活中，那些所谓率真的人，太容易让自己轻易暴露的情绪伤到别人，因此很难在复杂的人际关系中处于优势。而且，如果喜怒哀乐表达太直接的话，有时会招来无端之祸，应该把喜怒哀乐放在口袋里，学会藏心。

在我们的现实社会中，人们为了生存，会采取各种方法来接纳力量、分享利益、打击对手。在社会的历练和摸爬滚打中，我们多多少少学会了一些察言观色的能力，也就是所谓的读心术。一些人会根据你的喜怒哀乐来调整和你相处的方式，并顺着你的喜怒哀乐为自己谋取利益。因此，你的喜怒情绪很可能成为对方攻破你内心的一个突破口。所以，过分明显的表达自己的感情，有时是对你自己的伤害；就算不是伤害，你也在不知不觉中，意志受到了别人的控制。

比如说，如果你一听别人的奉承，就表现出非常高兴的神色，那么对方就会知道：这个人喜欢奉承，那些别有用心的便会以奉承来向你接近，向你要求，甚至向你进行软性的勒索。

一听到某类悲惨的事就伤心落泪的人，会被有心人利用，以达到某些目的。

再如，一听到某类言语，或碰到某种类型的人就发怒的人，有心者便会故意制造这样的言语，指使这种类型的人来激怒他，让他在盛怒之下丧失理性，迷乱心智，失去风度。

一听到某类悲惨的事或自己遭到什么委屈，就哀伤满脸，甚至伤心落泪的人，有心者了解他内心的脆弱面，便会以种种手段来博取他的同情心，或是故意打击他情感的脆弱处，以达到目的。

FBI 特工在办案时，就经常利用对方的心理弱点。

某一次，他们在审问一个惯犯时遇到了困难，这个罪犯非常顽固，不肯说出与他合谋犯罪者的姓名。FBI 绞尽脑汁也始终无法“撬开”他的嘴。

在一次审问中，FBI 特工注意到一个非常小的细节：在提到他母亲的时候，顽固的罪犯脸上突然闪现出了一丝极度的痛苦之情。FBI 特工心里明白：这可能是他最大的弱点。

于是，特工专程去拜访了罪犯的母亲，并且让他的母亲录制了一段规劝罪犯伏法的视频，然后播给罪犯听。

果然，罪犯的心理防线开始瓦解，供出了合谋者的姓名。

如果连喜怒哀乐都不能随心表达，这种人生也太过于小心翼翼了。不过，若因喜怒哀乐表达失当而给自己招致祸端，这样的人生也是极度失败的，也可以说是人生的悲哀。因此，人有必要做一个喜怒哀乐见不着痕迹的人。这样做的好处是：

首先，把喜怒哀乐从情绪中抽离，便能够用冷静客观的心态去面对自己所遇到的事情，思考它给你带来的积极意义，并进而训练自己对喜怒哀乐的控制。

其次，把喜怒哀乐放在口袋里就是不随便表现这些情绪，这样不容易被人看穿自己的弱点，更好地保护自己。

不能把喜怒哀乐放在口袋里的人，则无法适应这个社会，这有两方面的原因：

第一，不能很好控制自己的情绪表达的人，给人第一印象就是不成熟，还没长大。

只有小孩子才会说哭就哭，说笑就笑，说生气就生气。小孩子随意表达的情绪，会被大人说是天真烂漫，但是如果这种事情发生在一个成年人身上，人们就不免对这个人的人格发展感到怀疑了，就算不当你是精神病，也起码会认为你不够成熟。

如果你还觉得自己年轻，率性一点也许无关紧要，但是如果你已经工作多年，或是已经过了 30 岁，那么别人就会对你失去信心。因为别人除了认为你还没长大之外，也会认为你没有控制情绪的能力。这样的人，一遇不顺就哭，一不高兴就生气，是不能成就大事的。

第二，不能把喜怒哀乐很好隐藏的人，会被人轻视，被别人认为你是一个脆弱而敏感的人。

哭也许是一种缓解压力的好方法，但是在众人面前号啕大哭，确实是一种软弱的表现。绝大部分的人都能忍住不哭，或回家再哭，但却不能忍住不生气。

生气有很多负面作用，首先是会在不经意间伤害无辜的人，有谁愿意无缘无故挨你的骂呢？而被骂的人有时是会反抗的。

其次，人们经常见到一个人生气，就难以和这个人保持亲近，所以经常生气的人与别人的关系在无形中就拉远了。

另外，偶尔生一下气，别人会怕你，如果常常生气，久而久之别人就不会在乎了，反而会抱着看猴戏的心理，这对你的形象也是不利的。

最后，生气对身体不好，不过别人对这一点是不在乎的，但是对于你个人而言，这是最为直接的坏处。

所以，在藏心中，把喜怒哀乐放在口袋里是很重要的一件事，虽然有时候过度的不行于色会给人阴沉的感觉，但情绪的表现绝不可过度，尤其是哭和生气。如果你不善于克服自己的这两种情绪，那么你还不如在这两种情绪即将发生的时候，赶紧逃离，等到情绪平复了之后再回来。如果没有地方可暂时躲避，那就深呼吸，不要说话，这一招对克制生气特别有效！

可怕的由爱生恨

本节，我们讲的是自恋和爱恨表达的内容。让我们先从一个 FBI 的真实案例说起。本案仅仅是一个很简单的暴力杀人案，但因为涉及敏感话题——大学暴力，所以引起 FBI 犯罪学家的关注。

一天中午时分，密歇根大学一位女生和同学从食堂 2 楼吃完饭下楼。楼下冲上来一个男生，手里拿着一把刀，高喊着："你为什么要骗我"，然后就在她的脖子上砍了一刀，接着往胸口上捅了进去，女生从楼梯上滚了下来。

现场的人都惊呆了，同伴喊救命，随后现场一片混乱，食堂里的人都出来了。那个男生手里拿着那把血淋淋的刀，呆呆地站在那里，等警察来带走！

那个男生在遗书中这样写道：

“我受够了，我真的受够了。3 年的时间，每天帮你打水、打饭、占座位。我家本来就很困难，每逢情人节和生日，我都要给你买很贵重的礼物。只要能看到你的笑容，我比什么都开心。

“我还记得那一个冬天的晚上，我在 12 号楼下拿着一个月的饭钱买来的玫瑰花等了你整整 4 个小时。在我看到你的那一刻，一直煎熬着我的紧张、焦虑、担心和失落全都消失得无影无踪。以后每每听说你和别的男生去跳舞、去 K 歌，只要想起那天晚上你在我脸颊上的吻，我就可以什么都不在乎。毕竟，我现在没有能力给你那些，因此没有资格去享受。

“我原以为只要我努力对你好，总有一天你会懂我的心。可是，这一切都随着那个男人的出现烟消云散。我这一辈子都忘不了你上那个男人车的时候，那种暧昧的眼光。一开始当周围的人告诉我你和他发生关系的时候我都当耳旁风，毕竟你认识他才 3 天。可是那天看到你在车上看着他的眼神……我一切都明白了。

“不错，他确实优秀。可是你难道看不出他有一颗魔鬼的心，他只是为了征服在征服，只是在践踏你所有追求者的自尊！

“我承认我是个弱者，我不能对那个男人怎么样，因为我知道我在接近他之前一定会被粉碎掉的。所以我迁怒于你，别人不知道我为你付出了多少，难道你不知道？你怎么能把我的心像烟蒂一样踩在脚底下碾碎，然后踢进下水道?!

“我恨你，恨你，恨你，恨你！我要报复，虽然我不能拿回我的爱情，但是我要拿回我的自尊！”

爱的结果却造就了悲剧的发生，人们不禁会问，为什么对一个人的爱会变成将其杀死的恨？人们常说：爱极生恨！难道爱到极致时均要以恨来表达吗？它们之间的关系是既孪生又相克的吗？

如果这也算爱的话，那只能算作是一种畸形而不健康的爱，它的目的旨在为极端自恋的“我”服务，而非总是希望对方幸福。在很多情况下，爱的对象只是一面镜子、一种衬托，一个能映照、折射自己华丽的中介。对此，心理学专门有一个名词来形容——自恋。

心理学将人类在不能独立的一岁以内称为自恋阶段，此时的婴儿经常感到饥饿、孤独无助的恐惧，为了壮自己的胆、安慰自己，于是便开始吸吮自己的手足或者沉浸在幻想之中。如果不将注意力转向外界（开始是爸爸、妈妈及亲人，以后则为社会性的人际关系），很容易形成自闭，儿童孤独症或其他心理障碍在此时就埋下了种子。

当然，并非所有自恋都是病态的，在生活中我们常可见到有类似自恋人格特征的人。在自恋阶段，有些习惯可持续到成年，很难改掉。在一些特定的情况下，它甚至可以发出耀眼的光芒。

在二战期间，丘吉尔手作“V”状，口衔雪茄，给人一付永不落败的感觉。在丘吉尔的童年，他就经常幻想自己不会死去，这种婴儿式的想象加上口衔雪茄的形象对当时盟军的士气起了极大的鼓舞作用。人们相信，跟这样一个不死的人是会胜利的！而在心理学家看来，丘吉尔无疑有着自恋的问题。

当现实中出现与自己想法存在着差距的情况时，病理性自恋者往往会做出出格的行为。

在衡量自恋时，人们往往与利他主义对比来谈。正常情况下，每个人或多或少都有自恋，其程度为俗语中所讲的“利己不损人”。

但是，大多数情况下，自恋者丝毫不会考虑他人的想法，而将自己的意愿以“一厢情愿”的方式折射到他人身上。由于相信自己才是唯一的，因而，自己的愿望也是应该马上完全能够得以满足。当现实中出现与自己想法存在着差距的情况时，病理性自恋者往往会做出出格的行为。当然，他本人会认为这是理所当然的。

自恋有时让人沉醉，但一定要对自己说：我是一个自恋者，但这又何妨！但是，做出损人甚至扼杀生命的事情，那就是病态的自恋了。所以，我们要克制自己的自恋。

第八章
不烦躁！——藏住成败带来的得失反应

你烦躁不安，有无法克制的冲动，这一切都会被别人尽收眼底，成为你的一个弱点。所以，你应该克制自己的烦躁，让自己变得更有城府一些。

在本章的内容里，我们将让大家逐渐变得平静淡定，走上自己的修心之路。

得失反应需掩饰

现代人多多少少会有一些浮躁，急于成功，在成功之后会显得飘飘然，但是如果没有成功，则一蹶不振。

一个人若是在成功之后表现得太多骄傲、太过自大，会引起别人的不满和怨恨。同样，如果人在失败之后表现出过多的失落和悲伤，会让别人认为太脆弱，不能成就大事。所以，一个人如何面对成功失败，会不会克制自己的得失反应，是非常重要的。而且，这方面的能力也是藏心术的重要组成部分。

一个人如何面对成功失败，会不会克制自己的得失反应，是非常重要的。

FBI 特工里维斯是潜伏在黑社会组织内部多年的一名卧底。当初，FBI 总部给他的任务是：尽可能地在这个组织中获得更大的权力，然后再想办法瓦解他们。

某一天，里维斯得知这个组织内的三号人物要到洛杉矶和另一个正在被通缉的黑社会成员秘密接头。他知道，这是抓捕“三号”的最好时机。于是，他将这一消息通报给了 FBI 总部。

第二天，里维斯被犯罪组织叫去参加一个聚会。正在聚会时，帮派中的一个小头目急匆匆地跑了进来，对“大哥”悄悄说了几句话。

“大哥”听完之后，皱起了眉头。里维斯知道：自己的同事很可能已经将“三号”逮捕了，这个小头目可能是来报信的。能够协助自己的同事抓获一个重要人物，里维斯的心中当然充满了成就感，可是他却不能表现出任何“胜利者的姿态”。

果然，隔了一会儿，“大哥”恶狠狠地说：“老三被捕了，是 FBI 的那帮人干的。”

这番话证实了里维斯的猜想，但是他却没有表现出丝毫成功的喜悦。相反，他倒是和那些犯罪分子一起大骂起了“该死的条子”。

最终，谁也没有怀疑正是里维斯一手促成了“三号”的被捕。

这种故事经常发生在 FBI 特工身上，他们在打入敌人内部之后，就要掩饰每一次成功的高兴之情。如果稍有不慎，就会暴露自己。他们确实是藏心的高手。

其实，在生活中，我们也需要藏住自己的得失反应，否则会被别人认为你是一个患得患失的人。在成败面前，多一份淡定从容，才能体现出做人的风范。古人说：胜不骄败不馁，就很好地说明了这个道理。

1959 年，中国乒乓球队获得了第 25 届世锦赛的冠军。对于当时的中国来讲，这绝对是个令人欢欣鼓舞的消息。周恩来总理也为此事亲自发表了讲话。

在这次讲话中，周总理对乒乓球队提出了胜不骄败不馁的意见，他说：“我们取得世界冠军，这是我们第一个获此殊荣，值得庆贺。但我们绝不能因此而骄傲，因为骄傲了就容易跌跟头。以后你们可能会失败，失败一次不算什么，就是常胜将军也会打败仗。最怕的就是气馁，这是老生常谈了，但还有用。”

周总理的这番话非常有教育意义，告诉了众人如何面对成功与失败。

对于我们的“藏心术”来讲，如何面对成败，在成败面前该做何反应，也是我们的重要课题之一。在接下来，我们将会做出进一步的阐释。

别怕犯错

凯文·科斯特纳是美国著名影星，但是没有几个人记得他还出演过电影《水世界》。汤姆·汉克斯是奥斯卡影帝，但是也没有多少知道他还是《乔与火山》的主角。

那些电影之所以被人忘记，是因为它们都是“失败”的作品。但是电影中的两位演员，却没有因为暂时的失败而沉沦下去，最终他们成为了最伟大的表演艺术家之一。

平庸之人会因为一次失败而烦躁不已，所以他们不敢面对挫折，更不会承认错误。

事实上，在所有的行业中，就算是那些最成功的人，其“错误”的时候也要比“正确”的时候更多。

只有平庸的人才从不犯错，因为他们不敢选择，不去行动，自然没有犯错的机会。更为关键的是，平庸之人会因为一次失败而烦躁不已，所以他们不敢面对挫折，更不会承认错误。他们认为这样就可以藏住自己那颗脆弱的心，殊不知，如此行事只会让他们的懦弱和无能暴露在每一个人面前。

对于真正的成功者而言，承认自己的错误是他们走向辉煌的开端，他们不会刻意隐藏自己的错误。正因如此，他们在失败之后才显得镇定从容，别人休想从他们身上看到一点受挫之后的低落。这才是真正的藏心高手！

1988 年，FBI 资深特工维特曼开始从事艺术品侦探工作。就在那一年，费城宾夕法尼亚大学博物馆的“镇馆之宝”——一个非常巨大的水晶球被盗走。这个水晶球是当年慈禧太后所珍爱的宝物，历经 30 年水磨而成，比足球略大、篮球略小，20 公斤重，是世界第二大水晶球。

窃案发生后，FBI 将侦破工作交给了维特曼。维特曼在接手了这个任务之后，开始了长时间的调查。

但是，搜寻水晶球的工作进展得非常不顺利。维特曼曾经几度认为自己离真相已经越来越近了，但是最后才发现，自己所有的推断都是错误的，只好从头再来。直到水晶球被偷 3 年后的 1991 年，维特曼才找到那个水晶球。

虽然维特曼经历了多次失败，但是他依旧充满了激情。他的这种品质被 FBI 高层看在眼里记在心里，最后，FBI 还出资让他参加与艺术品相关的培训。

案例中的维特曼耗时 3 年，历尽失败，才最终获得了成功。我们可以想象，在这 3 年中他曾经犯过多少错误，走过多少弯路，但是他始终没有气馁或者是变得烦躁不安，所以才能受到重用。

柯南·道尔笔下的著名侦探福尔摩斯就是一个乐于出错的人。当事实证明他的尝试和推断结果与事实相去甚远时，他从不觉得窘迫和难堪，更不会由于灰心丧气而心烦意乱。他总是对自己的错误一笑了之，然后很快集中精神，向真相迈进。

爱迪生的妻子也曾经说过："爱迪生总喜欢用排除法去实验，为了一个灯泡，他实验了3年之久，都失败了。但是他总是自言自语地说，'不，我不会泄气，因为每抛弃一种错误的尝试，就让我又向前迈了一步。'"

你看，凡是能成大事的人，都有不惧失败的精神。那你为什么就不能在失败面前表现得淡定一些呢？你在心中告诉自己，你的过失错不在你，这样一来，你就能坦率地承认它们，利用从它们当中能找到的一切可用的反馈信息，调整前进路线，持续向前。

当然，我们不能否认，当一个人竭尽全力去做一件事，最后却没能得到应有的回报时，心中自然会有些许的失落和惆怅。但是，你完全没有必要将自己的这种情绪表达出来。因为所有的情绪都有这样一个特点——你越是表达，那么情绪将越激烈。所以，即便是在失败面前有所不甘，你也要学着去藏住自己的成败反应，这是藏心的重要内容。

失败了请别怨恨

在遭到失败之后，我们会本能的给自己找一些"借口"和"幌子"，拿出社会、制度、生活、机会、运气、老板、配偶当作出气筒。

如果一个人被这种心态所控制，就会对别人的成功和幸福心存反感，而认为生活和命运总是对自己不公。这样的人，特别容易生活在怨恨和自暴自弃中。

怨恨是人的一种心理尝试，是一个人企图把自己的失败解释成不公正待遇，从而让自己心安理得。如果想要用怨恨去“治疗”失败后的低落心情，就像是给一个受了轻伤的人注射毒品，虽然能暂时消解疼痛，但是带来的副作用要比眼前的病情更严重。

怨恨是一种对人的心灵有致死性的“毒药”，它断绝了你获得快乐的机会。而且，怨恨本身需要消耗巨大的精力。失败之后，与其花费精力去怨恨，还不如把那些精力用在东山再起上，说不定你就能够获得成功。

失败之后，把精力用在东山再起上，说不定你就能够获得成功。

由于二次犯罪的几率越来越高（二次犯罪是指一个人在服刑出狱之后再次犯罪），所以美国政府委派 FBI 相关专家去探求其中的原因。

经过一番调查，FBI 专家发现，那些二次犯罪的人，往往心中充满怨恨。当一个人被关进监狱之后，如果他的怨恨情绪没有一点点改变，那么这个人二次犯罪的几率就非常高，他们通常都会再次把自己送进监狱。而那些能够自我反省、没有怨恨情绪的人，在出狱后反倒更有自制力，更能在事业上有所成就。

最后，FBI 在提交的报告上写了这样一段话：“任何允许怨恨情绪控制自己思想的人，都会将自己的潜力锁在一个自己制造的监狱里。判处绞刑的是他自己，担任毫无同情心的陪审员的是他自己，担当监狱狱卒的还是他自己。所以，消除罪犯的怨恨，是杜绝二次犯罪的最好方法。”

怨恨是一条通往失败的道路，许多人因为怨恨，所以永远认识不到自己所犯的错误。而习惯性怨恨，特别容易导致自怜。自怜更是一种心灵上的毒草。当一个人的怨恨根深蒂固的时候，就再也离不开它了。所以我们才把怨恨比作是“毒品”。有人说，有怨恨之心的人，只有在自己处于悲惨境地时才会感觉良好。

怨恨和自怜的情绪还会带来一种认为自己无能、卑微的自我意象。有了它，你会把自己描绘成一个可怜虫、一个牺牲品，而这种人注定不会幸福。

怨恨真正的罪魁祸首，不是别的人、别的事或别的环境，而是你自己。如果坚信怨恨和自怜不是通往幸福和成功的大道，而是通往失败和不幸的道路，你就能控制它。

泰国有个企业家把所有的积蓄和银行贷款全部投资在曼谷郊外一个拥有高尔夫球场的 15 幢别墅里。这本来是一笔好买卖，如果一切顺利的话，这位企业家可能成为全泰国最有钱的几个人之一。然而，世事无常，他的工程刚刚竣工，就遇上了亚洲金融风暴，那些别墅一套都卖不出去。企业家一夜之间由极盛走向了极衰。

企业家的情绪由此低落。他时常会想起曾经的光辉岁月，也经常感叹：“如果不是天灾人祸，我现在也许是全泰国最有钱的人！”他丧失了斗志，走向了沉沦。日子在压抑和绝望中一天天度过。

有一天，他的妻子给他做好了三明治，叫他来吃早餐。这位企业家从前锦衣玉食，小小的三明治自然是不放在眼里。

他很随意地拿起一块三明治，放到了嘴里。突然，他觉得妻子做三明治的手艺着实了得，非常好吃。这位企业家感到非常高兴，就对坐在一旁的妻子说："亲爱的，我从来没想到，你的厨艺这么好，能娶到你这么一个妻子，也算我不枉此生了。"

企业家没想到，妻子听完这话突然间泪流满面，哽咽着说："从前你总是忙来忙去，很少在家里吃饭。即使在家，也是保姆下厨。现在我能亲手给你做三明治了，你还这么喜欢，真好。"

妻子的话就像扔在企业家心湖里的一块巨石，激起了层层波动，他突然间醒悟："我为什么天天如此消沉？就算我失去了财富和地位，失去了成为泰国首富的机会，我还有这么好的妻子，还能吃到如此美味的三明治，我有什么理由不幸福？"

看着旁边因为自己一句夸奖便无比幸福的妻子，这个企业家突然感觉到，原来幸福如此简单，它不在未来，也不在过去，就在眼前这点滴流逝的时光里。

一瞬间，企业家释然了，他觉得自己沉迷于追忆过去和憧憬未来是一件非常愚蠢的事情。现在的自己，所拥有的东西远远要比曾经失去的多，自己依然是幸福的。

人要是能把心结解开，就没有什么能够阻挡他前进的脚步了。这个企业家向妻子提议：我们就开一家卖三明治的小店，从头开始。他的妻子非常支持企业家的想法，还建议丈夫要亲自到街上叫卖。这个当初一呼百应的企业家非常快乐的答应下了这份"差事"。

在开了自己的三明治小店之后，企业家赚到了不少钱。虽然和从前比的话，这些钱不算什么，但是他依旧每天乐呵呵的和妻子一起经营着自己的事业。

人必须要克制自己的怨恨之心，否则就不可能成为一个自力更生、独立性强、能够自我决定的人。

一个成功的人，他有主动追求的愿望，他明白，这世界上没人欠自己什么。但是怨恨之心却让人觉得这世界对自己不公平，他们有各种理由说明这世界的不公正。

也许这些人说的也有些道理，但是要知道：世上没有绝对的公正，人只有通过自身的努力去获得公正。从出生时起，有些人就在充满贫困的地方不公正地开始了艰难的生活，而另一些人则生活在繁华的都市；有些人会到某所年久失修的学校上学，而另一些人则到拥有各种现代化设施的学校就读。这都是事实，不容改变。

所以，人必须需要接纳自己，自强不息，而不是把怨恨写在脸上，永远做一个失败者。

别烦躁，积极地去生活

现实生活中，有一种这样的成功者，他们得到了自己所想要的一切，却从来没有因此快乐过，他们总是在追求，却找不到让自己幸福的理由。长此以往，这些人便丧失了快乐的能力。而一旦你失去了快乐起来的能力，财富或其他东西再多，也无法为你带来成功或幸福。这些人赢得了成功的“壳”，但敲开之后，里面却什么也没有。

我们不能做这样的人，所以，我们需要藏住我们的“空虚之心”。

空虚其实是一种征兆，意味着你的生活缺少一些创造性。你空虚的原因可能是因为没有对你足够重要的目标，也可能是因为你在努力追求某个重要目标时没有使用自己的才华、没有竭尽全力。有些人没有志向，于是他们会说：“人生没有目标”，而另一些人没有值得追求的目标，于是总结说，“人生不值得去奋斗。”

一个失去了目标和生活乐趣的人，往往陷入到无尽的烦躁之中。而逃离这种烦躁，需要我们敢于去发现生活中的美好事物。

一位 FBI 行政人员被派到一个沙漠国家驻扎，他的妻子塞尔玛和他一起前往。

沙漠中干燥高热，让塞尔玛感到非常难过。由于身边没有一个朋友，塞尔玛感觉自己完全不能适应这里的生活。她向自己的丈夫倾诉苦衷，丈夫只跟她说了一句话：“两个人从牢中的铁窗望出去，一个看到泥土，一个却看到了星星。”她听到这番话后心头一颤，决定要在沙漠中寻找星星。

从那以后，塞尔玛的生活开始了改变。她和当地人积极的接触，抽出时间来观赏别有风味的沙漠风光。逐渐，她开始迷上了这里，后来还写了一本书，以《快乐的城堡》为书名出版。原本悲观的她看到的只是泥土，当心态发生转变后，乐观积极的她重新找回了热情，看到的就是星星。

故事中的塞尔玛，面对同样的生活，却体现出了截然不同的心态。其原因，就是她克制了自己的烦躁情绪，所以才有精力在生活中寻找快乐。如果一个人的心被烦躁所控制，那么他看到的一切都将失去色彩。

人和人之间的差异其实很小，成败的关键在于是否拥有热情积极的心态。两个人，一个整天烦躁不已，另一个却积极乐观，那么后者的人生一定会更顺利。

成功人士的第一个标志，就是他们具有热情积极的心态，乐观地面对人生，乐观地接受挑战。如果能够做到这一点，那他就已经成功了一半。很多人在功成名就之前，也只是芸芸众生中的一个。他们正是以热情的心态全身心地投入工作，这才邂逅了幸运之神，登上事业的巅峰。

美国标准石油公司里有一个非常普通的职员，叫做阿基勃特。这个人业绩平平，在一般人眼里，他没有丝毫的过人之处。

但是，阿基勃特却始终保持着一个习惯：每次出差住旅馆时，都要在自己签名的下方写下“每桶 4 美元的标准石油”这几个字，所以他被人称作“4 美元先生”。

这件事被洛克菲勒知道了，他为阿基勃特的执著和敬业所感动，于是邀请阿基勃特共进晚餐。

从那以后，阿基勃特开始平步青云，很快就成为公司的重要人物。洛克菲勒卸任后，将董事长的位置传给了阿基勃特。

阿基勃特之所以成功，就是因为他有积极的态度。试想一下，如果阿基勃特对于自己枯燥的生活感到烦躁的话，他绝对不会有这样的热情，也绝对不会有以后的成就。

热情，不是一种盲目的乐观，而是一种生活的态度。当一个人的心底充满热情之后，他的一切负面情绪都会得到抑制和消解。由此可见，充满热情地生活，是藏心术的一个诀窍。

我们每个人都会遇到磨难，关键在于你用怎样的心态去面对。要么你去控制自己的生命，要么就是让生命控制你。所以，你的心态往往决定着你的命运。

当我们在生活中不顺心的时候，可以尝试着改变思维方式，保持良好平和的心态。这种乐观的心态会转化成积极、自信的力量，帮助我们在枯燥、单调的工作中找到乐趣，生活自然会发生改观。

我们每个人都会遇到磨难，关键在于你用怎样的心态去面对。

小动作控制情绪

你是否在遇到有人插队或是遭同事算计时会暴跳如雷、情绪失控？这些情况会让你在别人面前暴露自己的情绪，所以，人很有必要克制自己因为某些突发事件而导致的情绪失控。这也是藏心术的主旨所在。

本节，我们将介绍一下用某些特定的小动作去控制自己的情绪。或许你会认为，在情绪激动的时候，是非常难控制的，要想通过某些小动作去控制更是不可能的。那么，先让我们用一个故事来证明：小动作确实可以控制情绪。

在纳瓦罗小时候，他的祖母险些被一辆车撞上。在那个瞬间，他的祖母用手捂住了自己的脖子。一次，祖母在给家人讲述事件经过的时候，又一次做出了同样的动作。这个小动作引起了纳瓦罗的注意，在之后的观察中，他发现许多人在情绪激动的时候都会做出相同的动作，似乎那样就可以缓解自己的激动情绪。

之后，他才从自己的老师那里得知：用手指揉擦颈背部，或者捏起下巴以下、喉结以上的皮肉——这个部位含有丰富的神经末梢，按摩之后能够舒缓血压、降低心率，起到镇静的作用。

进入 FBI 当特工以后，纳瓦罗发现了这些行为的应用价值。

1996 年，纳瓦罗第一次被 FBI 总部派到一个劫持犯罪的现场，去执行狙击任务。这是一个非常危险的工作，一个失误就会造成不可挽回的损失。

而首次执行这样的任务让纳瓦罗感到非常紧张。这时他想起了祖母曾经做的那个动作，于是便开始按摩自己的颈部。过了一会儿，他发现自己的心跳趋于平稳，手也不抖了，这对于他来说是极大的安慰。最终，纳瓦罗顺利地完成了任务。

在这个案例中，我们提到一个可以安定情绪的小动作——按摩自己的颈部。这个动作其实在生活中非常常见，很多人在感到紧张或是烦躁的时候，都有这样的习惯。

相对而言，男人在做这个动作时幅度更大一些，喜欢抓住或者捂住下巴以下的颈前部，刺激迷走神经和颈动脉窦，从而降低心率和镇静情绪。

女性除了按摩颈部之外，有时也会缕一缕自己的头发，这些动作其实都是为了缓解自己的紧张情绪。

除了按摩颈部之外，还有一些动作能够缓解紧张的情绪。比如说，平时用非惯用手做搅拌咖啡、使用鼠标或开门等小动作，或可助你控制情绪，练习两周就能见效。所谓的使用非惯用手，就是"左撇子"用右手做事，"右撇子"用左手做事。

按摩自己的颈部在生活中非常常见，很多人在感到紧张或是烦躁的时候，都有这样的习惯。

关于这个缓解情绪的小动作，是澳大利亚新南威尔士大学心理学家托马斯·登森在研究如何自我控制时的一个新发现。

在一项实验中，他找到一些大学生来作为适度侮辱的对象，然后向实验对象提供白噪声干扰作为报复。白噪声指功率谱密度在整个频域内均匀分布的噪声，人耳听起来是非常明亮的“嗞”声。

在实验进行了两个礼拜之后，他发现，这些大学生的攻击性开始减弱。

登森说：“使用鼠标、搅拌咖啡、开门……这些动作人们通常用右手去做。实验表明，用左手去做这些事情可以很好地控制自己的情绪。”

人的意识中存在本能的“非逃即斗”应激反应。这是人类在遭遇紧张压力时，交感神经的兴奋反应。“非逃即斗”应激反应会造成一系列生理和心理变化，例如心率加快、攻击性增强。

犯罪学家和社会学家长期以来认为，人容易在“机缘巧合”以及自我控制力差的时候实施暴力犯罪。登森说：“那些都是行事冲动的结果。”

研究还发现，人被迫自我控制情绪一段时间后，其攻击性反而增强。

登森根据研究认为，练习自我控制和提高高尔夫球球技或钢琴琴艺没什么不同。训练自己使用非惯用手如同自我克制的其他练习，比如礼貌待人。

登森说：“对我而言，最有趣的发现是，如果你给易冲动的人展示自控能力的机会，他们会变得不那么具有攻击性。”

他说，易冲动的人并非不愿意自我控制，而是不善于自我控制。扫描和监测易冲动人士大脑的结果显示，受到侮辱时，他们大脑中与攻击性有关的区域比不易冲动的人更为活跃。

登森认为，他们的研究结果表明，存在简单易行的方法帮助容易冲动或具有暴力倾向的人自我控制，即便是那些性格温和的人，也可以通过简单训练改善态度。

学会使用这些小动作，人就可以在某种程度上控制自己的情绪，以做到更好的藏心。

胜利的心理毒品

虽然我们无数次见证了以弱胜强、以小博大的故事，这却不能让人们脱离对高大全的膜拜和追求。渴望胜利，希望自己成为胜利者，是每个人都有的一种心理。但是，并不是每个人都懂得如何面对胜利，在胜利之后该如何自处。

之前我们着重讲了失败后如何调整心态，那么现在，我们就说一说“什么才是胜利者该有的姿态”。

我们经常说一个词语——得意忘形，这个词语放到藏心术上，我们可以这样理解：那些获得暂时胜利的人，最容易暴露自己负面的人性。因而，学会如何在胜利之后藏心，是非常有必要的。

那些获得暂时胜利的人，最容易暴露自己负面的人性。

在FBI特工面前的，是一个无耻的恐怖分子。FBI特工知道，此人在市中心某处安置了一枚放射性炸弹。如果不能在一个小时之内从恐怖分子口中追查到炸弹的具体位置，这个城市可能会遭遇到建市以来最大的灾难。

“如果你现在说出炸弹的位置，你还有重新做人的机会。”FBI 特工对罪犯说。

恐怖分子笑了笑：“我的目标就快实现了，我等这一刻已经很久了，你想我会轻易放弃?”

特工接着说：“我知道，炸弹就在市中心。我们将会在市中心所有的高层建筑中展开地毯式的搜寻。我想，有一个小时时间足够了。”

说完这句话之后，特工敏锐地发现，恐怖分子眼中流露出一丝得意。这个表情虽然很短暂，但还是被特工捕捉到了。FBI 特工因此推断出：“炸弹并没有放到那些高层建筑中。”

但是特工装作一无所知，继续说：“我想，你可能不会把炸弹放到高层建筑里，那样做虽然效果不错，但是也太容易被搜查到了。我想，你也不可能把炸弹放到电话亭，因为那里人太多，你显然没有任何机会。”

说完这句话之后，特工发现，恐怖分子的眼中又有一丝得意闪过。特工心中震了一下，然后冲出去审讯室对同事说：“赶紧去排查市中心的每一个电话亭，别问我为什么，快!”

半小时之后，拆弹专家在某个电话亭解除了炸弹。城市安全了。

故事中的特工之所以能够准确判断出炸弹的位置，其实靠的就是从恐怖分子的“成功反应”中查找破绽。

当特工说要搜查高层建筑时，恐怖分子眼中的得意告诉他：这个人认为警方不可能在那里找到炸弹，所以才显得如此得意。当特工说电话亭不可能藏有炸弹时，恐怖分子的得意则恰恰告诉他：炸弹就在电话亭。

你看，一个人对于成功的得意之情，往往是难以克制的。所以，成功后的表现，最容易暴露人的内心。

除了得意之外，成功还容易表现出其他心理状态。一般来讲，成功者最常见的心理状态是自我满足，俗称骄傲。人的骄傲来自对自己的满意认知，即便是自己的团队做出了骄人的业绩，人也常常会因此而感到自我骄傲——我是这个优秀团队的一员！

所有人都有自己的一个心理评价，而且对于大多数人来讲这个评价都是正面多于负面，就算是一个一无是处的人，也会找到一些让自己骄傲的理由。但是，我们也不能说骄傲绝对是一件坏事。如果一个人真的从内心中否定了自己，那么他的情绪只有一个——绝望，后面会发生很可怕的事情。

但是如果一个人过度自傲，那么他一旦有了一点点成功，就会沾沾自喜，目空一切。此时，骄傲就成了一个人的负面品质。骄傲的人不会藏心，他们会尽量让自己看起来更高大一些，例如抬头、挺胸和眉毛上扬等动作，都是骄傲的直观体现。

成功者还容易陷入到炫耀中。喜欢炫耀自己的人可能会获得一些成功，但是这并不能掩盖他们肤浅的本质。这些人恨不得让所有人都认识自己，生怕别人不知道自己的本事。

炫耀经常体现在肢体语言上，比如走路时晃动身体，就是典型的炫耀反应。这一点几乎在一切人身上都能得到体现，比如说街头混混喜欢大摇大摆，这就是炫耀。

炫耀是一种能够让人轻易识破的状态（事实上，炫耀就是为了让人明白自己的状态），对于大部分人来讲，很难做到炫耀却不被人讨厌。所以，我们需要克制自己的炫耀，藏住自己的得意之情。

餐桌上，一个父亲和朋友们谈兴正浓。父亲突然自豪地对众人说："我只有一个女儿，但我的女儿可了不起了。"说罢，转头又对自己的女儿说："去把你的证书拿来，给叔叔们看看。"

小女孩三步并作两步跑回书房，拿起那一摞"整装待命"的证书，拿出去交给自己的父亲。父亲接过证书之后，一一打开并对众人解说：这个是三好学生的证书，这个是钢琴 9 级的证书，这个是……

介绍完了之后，小女孩就像明星被隆重推出一样，听众们都啧啧称赞，有的对小女孩报以赞赏的笑容，有的竖起大拇指说："真行！这孩子真不错！""比我们家那孩子强多了！""这孩子这么聪明，肯定像她父亲。"溢美之词让小女孩有些害羞，但更多的是骄傲。

但是当证书传到一个旁观者的手里时，这个人并没有像其他人一样开口赞扬，而是若有所思地说："这是你以前得的吧？"声音很平静。

"是的。"小女孩回答。

"那现在的呢？"此人语调仍很平静。

"现在的？"小女孩一愣，想了想说："没有。"

"小姑娘，过去的都已经过去了，一定要把握现在呀！"这人感慨地说。

小女孩和他父亲听了这一番话，觉得非常惭愧。

这就是骄傲和炫耀的负面作用，"伤仲永"的故事在生活中每天都发生着。包括我们大人，也往往落入这种负面的心态。所以，我们需要藏心，我们需要藏住自己的成败反应。

成功者的另一个常见心理状态是傲慢。傲慢的心理根源是"自认为自己比对方好（强壮、富有、高贵……）"，这是一种极度的优越感，认为对方和自己完全没有可比性，进而产生对对方的不屑。

当然，傲慢也会表现在肢体语言上，头向后仰，下巴抬高。因为下巴抬高了，再睁大眼睛看对方会比较吃力，所以常常是上眼睑顺其自然地遮住一半眼球，做居高临下状（潜台词是"我都不稀罕花力气好好看你"）。傲慢中的人，他的下巴抬起所指向的方向，往往就是他蔑视的对象。当然，还有更过分的，有可能会再配合一些摇头晃脑或者半露犬齿的轻蔑表情。

1993年，FBI开始介入到一起黑社会之间的火并当中。

当时，纽约最大的两个黑社会组织开始了长时间的火并。许多黑社会成员因此丧命，对社会治安造成了严重的破坏。为了平息这场斗争，

FBI 决定“出面”解决。

若想平息争斗，就必须先搞明白他们的争斗缘何而起。

很快，FBI 就在一张照片中找到了答案。照片中，两个黑社会头目共处一室，但是其中一个的下巴明显指向另一个。FBI 由此推断，这场火并很可能是因为其中一个黑社会头目对另一人的傲慢和不屑而产生的。

找到问题的根源之后，FBI 开始“指示”另一个已经被自己控制的黑社会头目出面调停这场争斗。果然，经过调停，两方停止了斗争。

而在数年之后，FBI 又利用当年的这种傲慢，将两个社会组织分别剿灭。

那些傲慢动作，往往会引起人们的反感，因此，我们在生活中应该尽量避免做出这样的动作。一旦让别人观察到你有这样的反应，即便你是无心的，也很容易被别人理解为傲慢和不屑。如果是对着上级、长辈或者其他应该尊重的人，出现傲慢反应，恐怕最终受损失的那个人就是自己。

烦恼之心就是自缚手脚

人的本性是天真自然，随心所欲。但是，在现实生活中，我们却常常把自己束缚在各种条条框框之中，金钱、地位、名誉……都可能将我们束缚。我们常常“人在江湖、身不由己”，因而产生了无端的烦恼。

人生最为宝贵的东西就是自由，但是如果成败之心太强，就会将自己放置到一个“囚笼”里。

FBI 特工凯特年轻又有才能，1994 年，他被派往阿富汗执行任务。临行前，他的上级暗示他：如果他在未来几年里表现优异的话，会给他一个很好的职位。

为了能够获得晋升，凯特开始兢兢业业的工作，将自己的一切精力都用在了工作上面。但是，他发现，由于天天想着晋升，他开始变得躁动不安。这种心理非但让他难以安宁，更让他的工作效率变得十分低下。

过了一段时间，凯特发现自己已经没有办法用正常的心态去面对自己的工作和生活了。

这时候，妻子对凯特说："人生的第一目的并非获得多么骄人的成就，而是能够自在的生活。你现在一心想着晋升，落入到如此的苦恼之中，那即便是获得了晋升又有什么意义?"

凯特听后恍然大悟，他开始放下成败之心，以平常心去面对自己的工作。果然，很快他就走出了心理的泥潭，重新做回了自己。

如果执著于身外之物的话，我们会将自己牢牢的束缚起来。一个被束缚着的人，根本没有秘密可言，别人能够轻易看穿他们的内心。一个善于藏心的人，首先应该是一个"自在"的人，只有当心灵无所束缚的时候，人才能随心所欲地控制自己的情绪和感情。

我们必须想办法从束缚中解脱。要知道，这种束缚是一种心灵上的束缚，所谓"解铃还须系铃人"，我们要想摆脱束缚，还是需要自己努力。将自己囚禁于茧中的是自己，能让你破茧而出的也是自己。

佛教中把束缚人的种种私欲看作是魔鬼，其中既包括内在的心魔，有贪爱、嫉妒、嗔恨、妄想、烦恼、邪念等；也包括外在的外魔：金钱、爱情、权位、安逸等，甚至阻碍我们行善的亲情也属于外魔。这些心里的魔鬼会在你不经意间控制你的言行，破坏你的良知，将你的良心束缚起来。这些"魔"不一定是丑陋的，他们可能"千娇百媚"，引诱我们一步步走向陷阱，将我们牢牢地控制住。

人世间存在着积极向上的一面，也有见不得光的丑恶。我们藏心，就是要将我们心中负面的、甚至说是丑恶的东西压制住。只有这样，我们才能自由自在、不烦躁的生活。

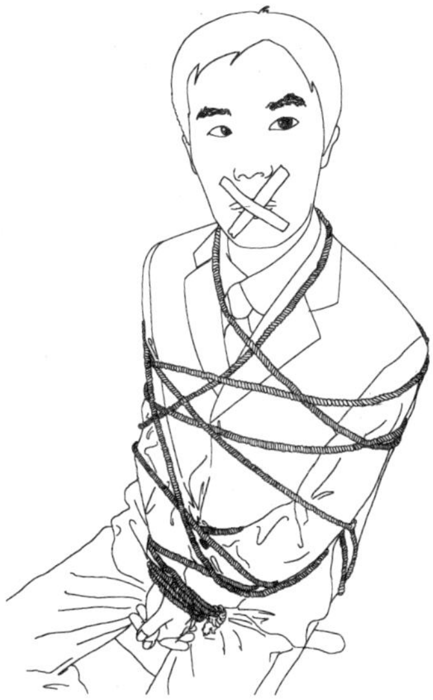

如果执著于身外之物的话，我们会将自己牢牢的束缚起来。

一个人的奋斗历程，与其说是为了理想而努力，还不如说是为了摆脱某种束缚而努力。

假如我们出生在贫苦家庭，可能我们所有的努力只有一个目的，那就是摆脱贫困。因为贫困给我们带来了太多的束缚，在贫困中生命得不到张扬，也得不到尊重。如果出生在安逸的家庭，人又要极力挣脱安逸的享受和不知进取的心灵，因为富有会束缚人的进取心。

生命的束缚和挣脱束缚的努力，使我们的生命变得厚重而美丽。但是归根结底，我们每个人都还是在为脱离心里的束缚而努力着。这是我们不烦躁的最好办法，也是我们“藏心”的根本。

用豁达解除烦躁

成败之心最直接的后果，就是让我们患得患失，也就是人们所说的不够豁达。

豁达是一种处世的境界，是一种智者的心态。豁达是一种宽容，恢宏大度，海纳百川。豁达是一种博大的胸怀，是超然洒脱的态度。豁达之心，是医治得失反应的最佳良药。

对于豁达的人而言，成败得失都不足以影响一个人的心境。因此，他们淡定从容，也更善于藏心。

对于豁达的人而言，成败得失都不足以影响一个人的心境。

豁达的生活态度在古代被视为一种超脱的人生态度，备受推崇。但是在今天讲究"丛林法则、弱肉强食"的世界里，越来越多的人不再赞同这种生活态度，认为"不计较得失、不在乎输赢"的豁达态度不是当今社会的生存之道。

这些人说的有些道理，的确，在当今社会上"竞争"是主旋律，人们都渴望成功，渴望赢得胜利。但是，豁达的心境难道在当今社会中真的没有市场了吗？不尽然！一个人如果有了豁达之心，别人便不能轻易看穿他的内心，更不会沦为别人手里的棋子。这样的人，迟早会取得成功。

20 世纪 50 年代，FBI 曾在某一城市挖了一条秘密通道，为的就是窃听某敌对国的电话情报。为此，他们还把自己的线路接到了敌对国的电话线上。

但是，让FBI始料未及的是，一名叫克格勃的间谍出卖了FBI，并且把这件事全都告诉了敌对国。敌对国非常聪明，他们不去揭穿美国的阴谋，而是让美国继续窃听。其实，这些情报都是假的，都是敌对国鱼目混珠的情报，根本没有价值。等到美国人自以为窃取到了不可胜计的情报之后，敌对国才毁坏了美国的地道，并且获取了美国先进的间谍侦察系统。

这对于FBI而言，是一个重大打击。一时间，FBI内许多特工的心理遭受到了重大的打击，他们害怕因自己办事不力受到处分。更重要的是，当他们看到自己苦心经营的设备落入敌手时，感到非常伤心。很多人因此一蹶不振。

时任FBI局长的胡佛，意识到如果让这种烦躁情绪蔓延下去的话，会极大地影响FBI的办事效率。于是，他对相关人员说："失败是暂时，我们不必挂怀，接下来还有很多工作等着我们。我要你们忘记以前的失败，振作起来。而且，我保证，没有人会因此事受到处分。"

从那以后，FBI特工总算是再次打起了精神。

故事中的胡佛，就是一个豁达的人，所以他才能带领自己的团队走出挫折。而那些不豁达的人，则会被成败反应彻底击倒。不够豁达，让人在输输赢赢的名利场中迷失了自己，最终彻底失败。豁达一点，就能够勇敢地面对输赢，能够有卷土重来的勇气，最后未尝不会再获成功。这样看来，豁达之人到底还是赢家。

北宋文坛盟主苏轼的一生就是"豁达"二字的真实写照。

苏轼一生多次被贬谪，可谓是处处不得志。就像苏轼自己在《自题金山画像》中说的那样："问汝平生功业，黄州惠州儋州。"但是在面对生活中的逆境时，苏轼并没有消极堕落，相反，他以一种豁达超然的态度面对种种不幸。

在被贬黄州期间，他“归去，也无风雨也无晴”；在被贬海南岛期间，他“日啖荔枝三百颗，不辞长做岭南人”；在被贬密州期间，他“会挽雕弓如满月，亲射虎看孙郎”。他的贬谪生活其实是异常艰苦的，即使是这样，苏轼仍然懂得以豁然的心态面对这一切。他发明美食，创作音乐，钻研佛法，把酒填词。苏轼一生之中最好的文章大多是在这一段时间写成的。

在面对困境时，苏轼等豁达人都有一个共同的思维特色，那就是：超然物外，趋利避害，保持情绪与心境的明亮与稳定。因为豁达的心境，苏轼在重重艰险之中收获了乐观的人生，更收获了文学上的成就。豁达就是这样一种东西，它不会帮助你赢得某方面的成功，但是却能在你失败的时候给你打开另一扇通往成功的大门。

这也恰似哲人所言：“所谓幸福的人，是只记得自己一生中满足之处的人；而所谓不幸的人，是只记得与此相反的内容的人。”每个人的满足与不满足，并没有太多的差异，幸福与不幸福相差的程度，却会相当巨大。

豁达意味着风度、胸怀、气质，意味着亲和力、感召力和凝聚力。这些都是一个人成功的资本，而这些能力也能让一个人最大限度地“藏心”。更为重要的是，豁达的心胸会让你在“输”的现实中看到“赢”的另一面。

我们的一生中需要为创造幸福快乐的生活而奔忙劳碌，这就不可避免地会遇到各种各样不顺心的事情。当别人在轻松中享受着丰厚的待遇，而你做着紧张忙碌的工作且待遇远不如别人时，你要想到你在工作中锻炼了才干，在实践中增长了智慧。真本领是摔打出来的，真本领才是获得幸福快乐生活最牢固的基石。

当在生活中遭遇到种种不幸时，你要开动豁达，调整自己的心态。要想到在生活冷淡的同时，也会馈赠给你轻松和自由，要利用好这份轻松和自由，清理一下自己心灵的原野，把因忙碌而荒芜的土地开垦出来，正所谓东方不亮西方亮。

在现实生活中，因遭遇冷淡另辟蹊径而成大器的不在少数。这就是充分发挥豁达心态的作用，把逆境变成生活的动力，幸福快乐就永远属于自己。

当生活赐予你幸福，你当然就拥有了幸福，但是请记住，而生活给你苦难时，一定要豁达面对，不要让暂时的苦难成为你前进的阻碍。

自我认同来自哪里

不管是占有欲，还是控制欲，其实思想根源就在于人的内心缺乏自信，缺乏安全感，自我认同不够。

一个人如果有足够的自信，有自我认同感的话，就不会刻意的追求领地感和对其他人的控制，因为他们相信自己本身就能够应对眼前的事物。

其实，自我认同和认同别人所秉持的标准是一致的。我们在认识别人的时候，贵在能设身处地地为别人着想。同样，当我们自我认识的时候，最难得的就是站在别人的角度，以客观而非主观的心态看待自己。

假如有这样一个人，他在与世隔绝的环境下长大成人，从来没有与其他人接触过，那么他就不可能以客观的角度去自我观察，他也不可能对自己的品质、情感和行为有客观的认识。

那么，自我认同和藏心术有什么关系呢？我们所强调的“藏心”，不仅仅是外在的掩饰，更是一种心理上的自我控制和自我修正，而自我认识，正是自我控制和自我修正的最大前提。如果一个人连自己所作所为的对错是非都搞不清楚，那么他何谈自我认识和自我修正？所以，我们才刻意强调自我认同的作用。

一个人如果没有自我认同，最直接的后果，就是迷失自己，因此可能导致的最严重的结果就是患上精神分裂症。

一个女孩的父母都不在家，和她一起在家的只有一只小狗。半夜，女孩突然听到天花板传来滴水声。她非常害怕，为了缓解自己的紧张，她把手伸向床边，让爱犬舔了舔自己的手，这才安心睡着了。第二天清晨，女孩家的小狗被吊到了天花板上，可昨晚小狗不是一直在舔她的手吗？

这是FBI的真实案例，实情是没有任何外来者的侵入，其实女孩是患有解离性多重人格分裂症。

当晚的真实情况是这样的，小狗犯病，整晚吠个不停，还去舔女孩的手。之后，女孩的另一个人格暴躁狂醒觉。她不堪小狗的吠叫声而用书桌上的利剪把小狗刺死，再站在书桌上用窗帘的绳子把小狗尸体吊在天花板的吊灯上，并用剪刀割破喉咙放血，然后爬回床上听着滴滴答答的滴血声沉沉睡去。

至于为何事后觉得听到滴水声才感受到狗舔手，估计是两种人格交换时造成的错觉，或者是女孩的整体潜意识不想纯真的女孩人格对凶残人格有所认知，所以把脑海中的记忆印象重新编序。

这个故事还没有结束。一星期后，女孩的父母从外地回来。就在他们回家的当天晚上便双双在熟睡中被刺杀而死，而行凶者正是那个女孩。

事后经过精神科专家的研究和警探的调查，终于得知了事件的起因：原来，女孩的父亲并不是她亲生父亲，而是其母改嫁后的继父。这个继父对女孩非常不友善，他总是用恶毒的语言责骂女孩说："你这个恶魔，迟早会是一个杀人犯。"而且这个男人还经常性侵犯女孩。

久而久之，女孩开始精神分裂，果然出现了一个恶魔型的人格。而且对父母充满了仇恨，因此才会酿成惨剧。

女孩的名字叫安琪拉，姓氏保密，现在被收押于宾夕法尼亚州一所高度设防的精神病医院里。而且，女孩的病愈来愈严重，已经分裂出17种不同的人格，其中有男有女，包括各种职业。女孩的本体纯真人格到现在还深信小狗和父母是被半夜潜入的外来贼匪杀死的……

这个案例中的女孩，因为继父长期的折磨和灌输错误的自我认识，所以导致了她的精神分裂。由于女孩还小，所以不能有正确的自我认识，这也是没有办法的事情。但是作为一个成年人，我们必须要学会独立培养自我认识。只有知道自己是个什么样的人，有什么样的特长和缺点，人在做事情的时候才会显得更专注，包括藏心。

在古希腊帕尔索山的一块石碑上，刻着这样一句箴言："你要认识你自己。"卢梭称这一碑铭："比伦理学家们的一切巨著都更为重要，更为深奥。"

正确认识自己，对于个人的成长进步和工作生活具有重要的作用和意义。正确认识自己是改造自己的前提，看到自己的不足，才能增强自我改造的自觉性和紧迫感，产生自我改造的内动力。太多人希望自己总能够解决所有问题，总能充当"赢家"的角色，但是却没有想过：自己有没有赢的实力？

所以说，要想赢，先别去想输赢胜负，而是先考虑一下自己到底有哪些赢的资本，或者是想一想自己要赢在什么地方。这就是我们所说的认识自己。

只有正确地认识了自己，才能熟稔于长短，长而发扬、短而收敛，做到不卑不亢，自信而不失容纳之怀。

事实上任何人都非完美，每一个人的性格中都有这样或者那样的缺陷，但是这并不妨碍你走向成功。最重要的是，你必须能够认识到自己的缺点，然后加以改正，走向相对完美的决心。认识自己在很多时候其实就是自己和自己较劲的过程。人往往都自视甚高，在认识自己的过程中，会不断打破原来主观化、理想化的自我认识，建立更客观的个人价值评定。

人首先应该给自己一个定位，自己到这个世界上来究竟是干什么的，必须有个十分清晰的描述。离开了这个描述，人就会迷茫，就会失去前进的方向，就会在一个个十字路口徘徊，这样的人生是没有意义的。只有当你对自己有足够的了解后，知道了自己的长处与短处的时候，你才会懂得扬长避短，就不会用自己的短处去和人家的长处相撞击，也不会为本来就不可能成功的事情发愁、怨恨自己，而这一切的修炼都离不开淡定的处事原则。

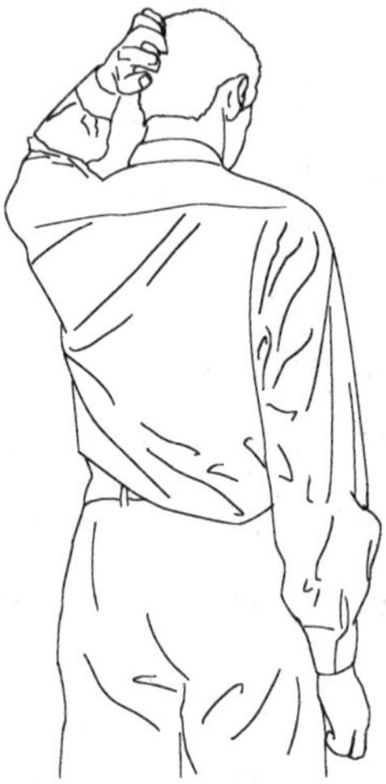

人应该给自己一个定位，否则，就会失去前进的方向，这样的人生是没有意义的。

有自我定位的人，才是最难能可贵的。人需要有自知之明，自知而自立。人人都希望进步，成就一番事业。没有自我定位，就难于明是非，辩立场，分得失，就会身在错中不知错，身在弱中不知弱，就会安于现状、庸庸碌碌、浑浑噩噩而不思进取，游戏人生。反之，一旦认识了自己，有了准确的定位，便能瞄准自身的薄弱环节，奋发改进，有所作为。

自我认识还有一个好处，就是能够帮助自己设身处地地为别人着想。因为我们有足够的自我认识，所以能这样去思考：如果我是他，在他的处境中会有什么表现，以此来检查自己的感情和行为，琢磨自己应该如何向他们表现。

我们假定自己站在旁观者的角度来看待自己的行为，并且尽力想象这种行为会对我们产生什么影响。某种程度上这是我们能用别人的眼光来检查自己的行为是否合适的唯一途径。如果这种观察让我们感到高兴，我们可以毫不在乎别人的赞扬，不把世人的指责放在眼里；无论受到怎样的误解或歪曲，我们都自信理应得到别人的称赞。

成功也要虚心

很多时候，一个人之所以生气，是因为他心虚。比如说，一个虚伪的人，在别人识破他的虚伪之后，会勃然大怒："我从来没有做过那样的事情，你们不要污蔑好人。"他似乎不明白，生气并不能成为一个人掩饰自己心虚的办法。一个人想要真正的藏心，还是应该虚心而不是心虚。

关于虚心与心虚，成功学大师卡耐基曾经做过很好的诠释，他说："成功的人往往都很低调，因为他们自信，所以选择虚心；只有失败的人才去张扬，因为心虚，所以需要靠搞掉对方来掩饰。"

这句话揭示了一个道理：越是外表看起来张牙舞爪的人，他们的底气其实越不足。而那些看起来"与世无争"的虚心者才是真正强大的成功者。

虚心的人自信自己的所作所为，所以往往都很低调，而心虚的人往往内心有鬼，所以总是靠张扬来掩饰内心的慌张，结果往往适得其反，更加显示了他的不安。

名震世界的 FBI 警探基德，在完成了一项重大任务后载誉归来，

FBI 所有人都为他大唱赞歌。此时，如果他想要借此来炫耀自己的自傲的话，实在是一个好机会！而且没人敢对此指手画脚。因为经过一番艰苦的努力之后，他将敌方的情报系统几乎一锅端掉，胜利属于他。

回国之后，FBI 决定，审问敌方最高长官的任务还是交给基德做。

在审问中，敌方的那位长官衣冠楚楚，但是基德穿的却是满身污渍的旅行服。由于他来的匆忙，没有穿制服，所以只好和一个下属借了一身制服。

从外表上来看，失败者似乎更加“理直气壮”，而作为成功者的基德却更显得低调。但是他能够在面对失败的对方首领时，不去骄傲的炫耀自己，而是谦虚的接受对方的投降，甚至用欣赏的眼光发掘对方的优点，这正是他为人的成功所在。

大凡古今中外的成功人士，都有一个显著的共性，那就是懂得虚心，他们一般都很谦恭。

可以说，大凡古今中外的成功人士，都有一个显著的共性，那就是懂得虚心，他们一般都很谦恭。其实他们有资本去骄傲，因为他们的成就自然会替他们宣扬。但是，他们都是选择虚心的走自己的路，谦卑而柔韧的实现自己的理想。因为他们都懂得，如果你对自己能否取得成就，或者能取得多大的成就还有所怀疑，也还不知能否得到他人称赞的时候就开始自吹自擂，那其实就是在吹牛。

如果一个人真正值得大家去称赞，那就根本没有必要去自大，否则就是浅薄了。而一个浅薄的人是根本不可能取得成功的，也是根本不值得受人尊敬的。

美国上议院议员鲁意·佐治·迪普，为人谦虚正直，面对升职仍能保持清醒的头脑，而不骄傲自满。

下议院的一个老仆人曾经这样对别人说起迪普，他说他在下议院里干了30多年，见过形形色色的人，但是还没见过像迪普这样，即使从一个议员一下子当了部长，也丝毫没有改变自己说话的态度和语气，他从来没有见过。

事实上迪普本人也极其反感他人的夸大赞扬。当他让出议长之职以拥护林肯政府时，一般人看来他应该受到何等热烈的欢呼和称赞，而他却低调的否认一切，而且善意地批评了别人对他的夸大赞扬。那时虽然迪普还很年轻，头脑却很清醒，他懂得谦虚的道理，所以并不因为别人对他夸张的称赞而自高自大。

迪普不仅仅是一个虚心的人，甚至会对别人的夸奖“避之不及”，这既是一种境界，也是一种生活的智慧。虚心的人在众人面前似乎总是不如心虚的人那样盛气凌人，但是他们赢得的却是更多人的尊敬和最终的成功。孰轻孰重，相信所有人都一目了然。

做人不是演电影，不是为了赢得满堂喝彩的表演，而是时时刻刻分析情况，在每一回合上不求多得分，只求不失分，如此下去，则必定获胜。因此，当你的羽翼尚未丰满或是没有必胜把握之时，不妨先隐藏一下自己的实力。

提及机械表，瑞士表是全球最为顶级的。瑞士表之所以代表着高端，是因为钟表调整师的技术高超。调整师谙熟机械表的性能，对调整机械表的温度差、姿势差等整合，有着世界最高的技术水平。

钟表行业是全球含金量最高的行业之一，日本也企图分一杯羹。然而，日本人深知自己的技术绝对达不到瑞士表水平。不过，精明的日本人并没有放弃，而是选择了避其锋芒。这其中，一家名为精工的集团开始将目标转向石英表以期突破。

石英表的运行机理是在石英上通入电流，使其发生伸缩性规律振动，然后将此振动以电气的方法连接马达来划出时间。从振动的精确性而言，机械表根本无法与石英表相比。只要拥有耐震的能力，石英表计时不受温度等变化的影响. 能达到非常精确的程度。

但是日本人并没有马上就宣布自己在手表上有了重大的突破，他们在等待一个机会。在这个机会来临之前，瑞士表依然占据着主动。

机会很快来了。在瑞士，有一项纽沙贴夫天文台钟表比赛，实际上，是专门为弘扬瑞士表的威名而设置的，是一场世界钟表行业的擂台赛。当日本人把他们的精工表拿来比赛时，15 块石英表块块都排在了瑞士表的前边，这样的比赛结果对瑞士人来说就好似当头挨了一闷棍，久久无法回过神来。

瑞士厂商在沉重的打击下忧心忡忡，坐立不安，直到第二年才把得分表寄往日本，同时不公开名次，并宣布从此停办纽沙贴夫天文台的钟表竞赛。

就这样，风靡了数百年的瑞士表，在石英表领域栽了大跟头。从那以后，日本精工集团又开发出了“大众化、小型化”的石英表，使其为多数人所接受，在市场上站稳了脚跟。如今，“精工”已成为享誉世界的著名商标，是全球闻名的大钟表生产公司。

对于强者，我们都有这样一种感觉——他们在不发力之前都显得非常平常，他们都是善于沉默的，但是一旦发力，就势不可挡。这正是因为他们善于隐藏自己的实力，把自己的锋芒隐藏起来，掌握一种外圆内方、绵里藏针的处事技巧，这反而会让人更加无法攻击。别人的攻击因为没有着力点而不能发挥作用，反之自己只需轻轻一击，就可以令竞争对手受到重创。

退一步讲，即使不是那些成功人士，绝大多数的领导阶层也都懂得这个道理。因为在如今的社会中，几乎一切都讲究协作，尤其是在企业和团队组织里面，很多事情都需要不同专长的人员一起合作才能达成目标。

换句话说，锋芒过露，这绝不是一个成熟商界人士应有的行为。这么做，不但会损害别人的自尊，还可能会破坏自己已经有的优势。因为锋芒毕露时间长了，自然就会引起一些人的嫉妒，会给你增加一些障碍。

深藏不露是智谋，过分的张扬自己，就会经受更多的风吹雨打，暴露在外的椽子自然要先腐烂。一个人在社会上如果不合时宜地过分张扬、卖弄，那么不管多么优秀，都难免会遭到明枪暗箭的打击。时常有人稍有名气就到处洋洋得意地自夸，喜欢被别人奉承，这些人迟早会吃亏的。所以在处于被动境地时一定要学会藏锋敛迹、装憨卖乖，千万不要把自己变成对方射击的靶子。

盛名之下，其实难副。在积极求取巅峰期的时候，不妨思及颜之推倡导的人生态度，明了知足常乐的情趣，捕捉中庸之道的精义，稍稍使生活步调快慢均衡，才不易陷入过度偏激的生活陷阱之中。

纵使你才华横溢，也要一步步向上攀。如果你显露张狂的锋芒，企图一步登天，那么，你将摔得更加惨重。强者懂得如何把握自己，懂得不断修整自己的做人处事技巧。所以，凡事不要那么锋芒毕露、咄咄逼人，强者才不会被别人惦记。

第九章
不生气！——抛开你的愤怒反应

哲学家说：生气就是用别人的错误惩罚自己。仔细想想，这句话真是真理！我们之所以会生气，大部分是因为别人对自己犯下了错误。而生气除了能让自己不愉快，又能改变什么呢？这难道不是用别人的错误惩罚自己吗？我们与其为别人的错误而生气，真不如自己努努力，给自己争口气来得实在！

克制因沮丧产生的好斗

人在遭遇挫折之后，难免会产生沮丧。但是如果不隐藏和克制自己的沮丧，便很可能导致错误的好斗心。

刘是一名 FBI 特工，曾经为 FBI 立下赫赫功勋。由于在某次任务中险些被敌人谋杀，那次任务也宣告失败，所以他开始变得沮丧。他总是说："我每天是把脑袋别在裤腰带上的，但是政府却从来不拿我们的性命当回事儿。"

从那以后，刘变得暴躁易怒，经常和上司发生冲突。

1990 年，刘跑到上司的办公室，对上司说："你必须让我脱离我的这个岗位，我已经受够了这份工作，也受够了你们。"由于刘当时在任务中有不可替代的作用，所以上司驳回了他的请求。

在申请被拒绝之后，刘的暴躁变本加厉。某次，他在超市中购物，和超市的收银员发生了一点冲突。这时身为 FBI 特工的他，竟然不顾 FBI 的严令，拔出自己的手枪对准了一个无辜的人。

最终，刘被 FBI 给予严惩。办公室主任大怒之下改派他一份羞辱的工作——让他替办公室的同事们复印文件。

1993 年 10 月 12 日，FBI 行政管理处处长史蒂文在一封写给刘的信中说："因为你违反了 FBI 的规定，所以除了准备将你开除外别无选择。"

就这样，一个有前途的特工失去了自己的工作。

在这个故事中，刘作为一名 FBI 特工，非但没有很好克制自己的负面情绪，反而任由自己的愤怒蔓延，最终酿成了大祸。这个反例告诫我们：作为一个善于藏心的人，一定不要盲目"开炮"。

事实上，在我们生气的时候，身体有一些负面的反应，比如高血压、忧愁、酗酒，而且会滋生我们易怒、粗鲁、非议、唠叨、挑剔等情绪。由此可见，生气对于一个人的负面作用是非常大的，所以我们很有必要克制住自己的怒火。

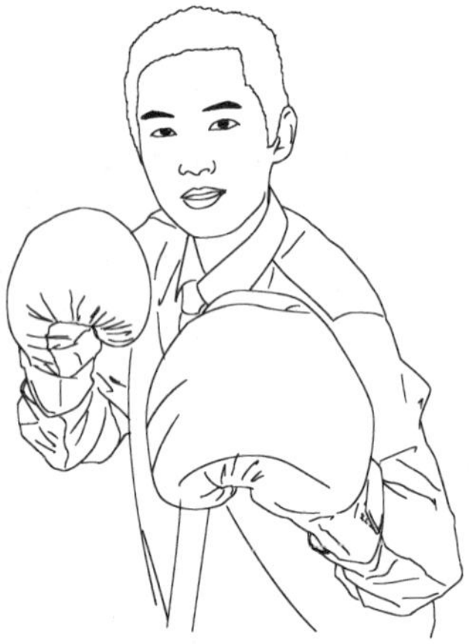

生气对于一个人的负面作用是非常大的，所以我们很有必要克制住自己的怒火。

我们要想不生气，需要先藏住自己心中的沮丧之情。

事实上，每一种情绪都应该有一个释放的通道。这就像是锅炉里的蒸汽，必须有一个出口，才能保证蒸汽所产生的压力不会大到让锅炉爆炸。但是有些人不会给自己的情绪找一个合适的通道，他们会将心中的压抑变成沮丧和愤怒，然后爆炸性的释放出去，给自己和别人都造成伤害。就像南美洲的一种蝎子那样，发火时狂蜇自己，最终死于自身的毒液。

毒蝎子这种行为看起来荒诞，但是在我们人类的世界里，以理智著称的我们，何尝不会犯下同样的错误？

有一个成功的女性，嫁给了一个比她年龄小一点的男子。这位女性在事业上要比丈夫更成功，所以她一直是家里的经济支柱，她自己也对这种状态很满意。

而她的丈夫呢？则长期生活在妻子的阴影下，受尽了别人的嘲笑和非议，这让他倍感沮丧。

丈夫为了摆脱对妻子的经济依赖，也曾经三番五次的想要创业，但是均以失败告终，结果只能是为他带来更大挫败。他开始变得暴躁不安，经常和妻子吵架甚至大打出手，最终婚姻破裂。

这是典型的因沮丧而愤怒的案例。人之所以会沮丧，是因为觉得自己的能力不足以应对眼前的局面。所以，我们应该对症下药，让自己走出眼前的困境，积极地生活。

诚然，生活中许多苦难是无法克服的，但是，我们完全不必因此而自哀。因为你只要有一颗积极的心，即便是不能解决问题，也不至于被问题所击倒。

所以，积极地生活，就是你克制沮丧的最好办法，也是你藏住自己愤怒的途径。

理解好斗心理

从本质上讲，好斗不见得就完全是一件坏事。一个好斗的人，证明他心中有对成功的渴望，这是值得肯定的。所以，我们也不必为自己的好斗而感到烦恼。只要你能理解好斗心理，为它提供恰当的、合适的宣泄渠道，就可以“藏住”自己的愤怒反应。

在 FBI 的黑名单里，绰号“I－5 高速公路杀手”的兰迪·伍德菲尔德名列前茅。他被控犯有 4 项谋杀罪，FBI 相信，他的受害者至少有 44 人。

在凶犯落网之后，著名的 FBI 谈判专家柯比（女性）被派去审问这个穷凶极恶的人。双方面对面地坐在桌子两边，中间没有任何阻挡。

当柯比毫无阻隔地与臭名昭著的连环杀手面对面时，心中泛起一种难以言说的愤怒情绪。或许伍德菲尔德见与自己交谈的是名女警官，故意要吓一吓她，便将眼睛瞪得圆圆的。

作为一个被人尊重的谈判专家，柯比从来没有被人如此的恐吓过，那一刻，她的心中充满了对眼前这个人的愤恨。但是她马上就变得冷静下来，因为这对于案情的进展没有一点好处

柯比心想："我之所以会愤怒，是因为眼前这个人对我的挑衅，而他的挑衅也不过是最后的挣扎而已。从本质上来讲，这其实是个可怜人，虽然他罪不可赦，但是他也是命运的受害者。"

想到这里，柯比的眼中流露出平静的同情。她开始与凶犯心平气和地交谈起来。果然，杀人如麻的凶犯开始变得收敛。经过几天的审讯，他终于交代了自己所有的罪行。

这个案例解释了一个道理："你不能通过创造新问题来解决旧问题。"在许多时候，你如果不会隐藏自己的愤怒反应，就可能给自己制造新的麻烦。假如故事中的柯比没有控制好自己的愤怒反应，对凶犯表现出自己的侵略性，就不会如此顺利的完成任务。

所以，当你感到自己的愤怒已经不可控制的时候，不妨停下来扪心自问："暴力或者是刻薄的言语对眼前的事情有帮助吗?"此时，你就会发现自己的愤怒反应其实毫无用处，这意味你已经向控制这种反应迈出了一大步。

2010 年 2 月 12 日，这天是农历腊月二十九，在外的人们都急急忙忙地往家赶，准备欢欢喜喜地过大年。

在某地的一辆公交车上，乘务员白某不慎踩了乘客张霞的脚。这本是一桩无关紧要的小事情，但是张霞却非常生气，对白某说："你没长眼吗?"

白某这时如果能让一步，事情也许就结束了，但是她当时也动气了，就针锋相对地说："长了，没看见。"

当时坐在张霞一旁的是她的妹妹张燕，见白某没有道歉的意思，便骂了白某一句："你眼睛瞎了吗?"白某见她骂自己，大动肝火，上去打了张燕一拳。于是双方就撕扯在一起了。

在争斗中，张霞吃了亏，因为"咽不下这口气"，所以就打电话叫弟弟张永、张刚过来帮忙。白某见对方来了帮手，怕吃亏，就躲到一家理发店内。张永、张刚、张燕等人追到理发店内与白某发生了殴斗。

在殴斗的过程中，失去理智的白某掏出随身携带的折叠刀乱捅一气，将张永、张刚、张燕捅伤。张刚因为伤及胸部、腹部，倒地昏迷。张霞见发生了血案，立即拨打120急救中心，把伤者急速送往庆云县人民医院救治。经抢救，张刚脱离了生命危险。后来，经鉴定张刚为重伤，另外两人为轻微伤。

怒火会给人带来如此大的危害，所以，你应该学会消解自己的怒火。当你有了愤怒之后，你需要一个安全阀排出多余的情绪"蒸汽"。

各种身体锻炼方式都有益于慢慢排遣掉好斗的"蒸汽"。轻快地长跑、打篮球、踢足球，这些运动都可以让你获得释放。尤其值得提倡的是那些能让你击打或猛撞的运动——高尔夫、网球、保龄球、打沙袋等等。

还有一种办法就是将怒火发泄到纸上。如果有人让你灰心丧气或是惹恼了你，不妨给对方写封信，把心中的怒火全部写出来，不给想象力留半点空间，然后把写好的信付之一炬。

排遣怒火的最佳渠道是把它全部用完——即朝某个目标而奋斗。工作始终是一种最好的治疗方法，也是抚慰烦躁心灵的最佳镇静剂。

在理解了愤怒之后，我们也更能原谅别人对我们的不礼貌行为。如果有人对你粗鲁无礼，你认识到对方的反应也许并非出于恶意，而是某种自动机制在起作用，那么你的苦恼也就消除了大半。别人不过是在宣泄无法用于实现目标的情绪“蒸汽”罢了。

你不妨给惹恼你的人写封信，把心中的怒火全部写出来，不给想象力留半点空间。

当你明白了这个道理之后，就不会因为别人的愤怒反应而勾起你报复性的愤怒反应了。这时，你才算真正成为了一个藏心的高手！

生气不如争气

人总是太容易生气，遇到不如意的人、事，任由心中生出怨恨、气恼。因为气恼，所以我们的人生变得怨气冲天，毫无乐趣。更为关键的是，一个动不动就生气的人，他的情绪将永远暴露在别人的面前。他以为自己一生气别人就怕了他，实际上，别人会抓住你的这个缺点，洞悉你的内心。

哲学家说：生气就是用别人的错误惩罚自己。仔细想想，这句话真是真理！我们之所以会生气，大部分是因为别人对自己犯下了错误。而生气除了能让自己不愉快，又能改变什么呢？这难道不是用别人的错误惩罚自己吗？我们与其为别人的错误而生气，真不如自己努努力，给自己争口气来得实在！

道理很明白，但是太多人却做不到。在遇到问题的时候，我们总是喜欢从别人身上找原因，为别人而生气，却很少将问题归结于自己的不足，督促自己进步，获得解决问题的能力。

FBI 特工詹宁斯原来是个暴脾气，他动不动就会大发雷霆，让人敬而远之。

因为他的这个毛病，虽然他非常有能力，可总是得不到晋升。为此，他非常苦恼。有一次，在执行任务中，无耻的匪徒在落网之后还不断用不堪的言语刺激詹宁斯。詹宁斯在暴怒之下，对那个人大打出手。这种行为是违背 FBI 法则的，所以詹宁斯受到严肃处罚。

在那以后，詹宁斯痛定思痛，决心改变自己的坏脾气。在那之后，他终于改变了自己爱发脾气的坏毛病，也很快得到了上司的赏识，获得了晋升。

那些不能控制自己脾气的人，应该警醒了，有和别人生气的时间，真不如自己给自己争口气！

一位作家被邀请去一所大学做演讲比赛的评委。参赛选手经过抽签确定了演讲的顺序和主题之后，第一位选手表情很不满的走上台去。“同学们，尊敬的评委们，这是一场不公平的比赛！我领到这张纸以后，只有几分钟时间准备，在我之后的人有更充裕的时间准备，这是不公平的！”

在众人惊讶的表情下，他走下讲台，冲出了大厅。

这个选手的离开并没有给比赛造成任何影响，比赛顺利进行。有人自比赛中获得了荣誉，有人则锻炼了自己。

过了几天之后，这位作家偶然遇到了那个生气离开的选手，就对他说："你因为不公平而生气、而离开，可是你有没有想过，只要自己争气，那么即便是不公平，你也能获得成功？"

选手听了作家的话非常惭愧，他也从中领悟到了做人的道理。

这个故事中的选手太不会藏心了，虽然他的不满是有原因的，但是在那种场合大发脾气，还是证明了他的不成熟。因此，我们需要藏心，需要隐藏自己的怒火。

生活中，我们总是会遇到一些比较困难或者自己不愿意做的事。当这些事情无可避免的发生在自己身上的时候，生气又有什么用呢？只有给自己争气，才能摆脱困境，走向辉煌。

所谓争气，就是不因一时的失败而泄气，要能力图上进；不因一时的挫折而丧气，要能奋发图强；不因一时的贫苦而壮士气短，应该要鼓舞精神，要更加争气。当一个人受到挫折委屈时，只有自己努力"争气"，以愿心为动能，化悲愤为力量，才有前途未来。

一个人只有自己努力"争气"，以愿心为动能，化悲愤为力量，才有前途未来。

有一个年轻人，经常因得不到领导的赏识而生气抱怨。一天，他去拜访恩师，并向其道出了自己的烦恼。

恩师听后，就领着这个年轻人到了海边，他弯腰拣起一块鹅卵石，抛了出去，扔到了一堆鹅卵石里，并问道："你能把我刚才扔出去的鹅卵石捡回来吗？"

"我不能。"年轻人回答。

"那如果我扔下一粒珍珠呢？"恩师再问，并别有深意地望着年轻人。

年轻人顿时恍然大悟：一味地生气抱怨只是徒劳，唯有争气，凭借实力迅速脱颖而出，才是明智的做法。

如果你只是一块平常无奇的鹅卵石，就没有生气抱怨的权利，因为自身还没有被注意的闪光点。此时，就需要争气，不断提升自身的实力，最终成为一粒耀眼的珍珠。那时的你，说话才能理直气壮、掷地有声，最终得到别人的认可与尊重。

要争气，就得先要有志气！立志向上，立志做人，立志争气，立志就是争气的原动力。我们如果要不生气，就必须要争气；我们要想争气，就必得先要立志。人有志气，又何患无成呢？

谦和的法则

老子曾经这样夸奖孔子："君子盛德，容貌若愚。"意思就是说，品德高尚的君子，总是显得谦恭、和善。

事实上，谦和也是一个人藏心的最好办法。一个谦和的人，不见得他没有能力、没有野心，只不过他把自己的情绪都很好地控制住了，表现出了自己最有修养的一面。

谦和是一种处世态度，是一种美德；也可以说是一种处世的策略，一种智谋。

只有心中怀有谦和的心态，才能不断地努力打拼，努力的实现自己的人生价值。同时，也只有心怀谦和的人才能妥善地处理好自己与他人的关系，得到别人的关照和器重，从而为将来的事业打下良好的基础，达到你所追求的目标。

张良年轻时在沂水圯遇到一位老翁。张良上前施礼，恰好老翁的一只鞋子掉在桥下。

老翁呵斥张良让他帮忙捡鞋，语气相当蛮横。张良本要发怒，但转念一想，老人大把岁数，于心不忍，便帮他把鞋捡了回来。

当张良把鞋子递与老人时，不料老人伸出脚让张良帮他穿上。张良忍住怒气，恭恭敬敬给老人把鞋穿上。

没想到老人又故意把鞋蹬掉在桥下，让张良又去捡来给穿上。这样折腾了3次后，老人微微一笑，站起身下桥便走。

张良愣了半天，觉得老人不通情理、古怪离奇，竟然连声道谢的话没说，便决定跟在他身后，看他行往何处，有何举动。

大约走了半里多路后，老人回头朝张良招手微笑，决定收张良为徒。张良一听，赶紧跪地拜师。于是老人要张良5日之后，在此会他。

5日后，张良按约定原地迎候老人。结果老人已先他在此。老人气愤的罚他5日后再见。

又过5日，张良一闻鸡鸣，便即前往，可是老人又已先到，仍旧责他迟到不敬，要他再过5日，准时来会。

又过了5日，张良一夜未敢睡，刚过黄昏，便去等候老人，这次终于比老人先到。老人很是满意，取出一书交给张良，然后扭头便消了。此书即为《素书》。

从此，张良不分昼夜，苦读不舍，最后成为一代名臣，成就一番伟业。

张良的故事说明了保持一颗谦和之心是多么重要，谦和往往会在不经意间为我们带来人生的转机。但在现实中，一些人的谦和多少有虚伪成分，他们把谦和当作一种策略，一种谋求同情和请求帮助的策略。

其实现实生活中不乏其人，他们将自己的欲望隐藏起来，就像一个富足的人却持大碗、身着破衣向人乞讨一样。为什么会出现这种情况？原因有两个：其一是想要得到某种利益而又不能公开争取，其二是想要得到一个不计名利的好名声。人们常说一个人不应该过分伪装，但是这种对自己、对别人都有好处的伪装，又有什么不可以呢？

当然，如果你的谦和是发自内心的，那自然再好不过。你真正成为一个谦和的人，你才是一个真正完整的人。因为当你懂得了谦和的时候，你在日常的待人接物时就能做到温和有礼、平易近人、尊重他人，就能善于倾听他人的意见，就能虚心求教，取长补短。而且对待自己也更有了自知之明，在成绩面前就不会居功自傲；在缺点和错误面前也不会文过饰非，而能主动采取措施进行改正。

谦和是成功的法宝，是胜利的诀窍。

谦和是成功的法宝，是胜利的诀窍。不论你从事何种职业，担任什么职务，都只有谦虚谨慎，才能保持不断进取的精神，才能增长更多的知识和才干。谦虚谨慎的品格能够帮助你看到自己的差距，永不自满，不断前进，可以使人冷静地倾听他人的意见和批评，谨慎从事。否则，骄傲自大，满足现状，停步不前，主观武断，轻者使工作受到损失，重者会使事业半途而废。

下面这个居里夫人的故事，就是谦和的最好诠释。

一天，居里夫人的一个朋友到她家里做客，朋友的孩子无意间看到了摆在柜台上面的一枚金质奖章，产生了好奇，想要拿下来玩。

这可不是一枚普通的奖章，而是英国皇家学会颁给居里夫人的。能够得到皇家学会的认可，那可是至高无上的荣誉。但是小孩子哪里懂得这些，一味要玩。朋友当即斥责孩子。

这时，居里夫人阻止了她的朋友，拿下了那枚奖章，放到孩子的手里。同时告诉朋友，奖章只能代表过去的成绩，而我们绝不能永远守着过去，否则就将一事无成。

居里夫人始终保持一种对事业的谦和态度，她并不因为取得了巨大的荣誉就高高在上，而是胜不骄败不馁的面对所有一切。也正是在这种谦和的品格影响下，后来她的女儿和女婿也踏上了科学研究之路，并再次获得了诺贝尔奖。

可见，谦和能使一个人面对成功、荣誉时不骄傲，相反把它视为一种激励自己继续前进的力量，而不会陷在荣誉和成功的喜悦中不能自拔。

总之，谦和是我们人生的第一处事原则。只有保持谦和之心，人生之路才会越走越宽，越走越光明。

不生气是生活的真理

生活中，难免会遇到对自己不利的流言，这些中伤和诽谤很容易让人失去理智，让人迷失心性，而做出一些过激的事情。这时候，一个人的缺点就完全暴露在了别人面前。这对藏心是非常不利的。

如何让自己不为流言所动，保持良好的心态？我们需要有一颗平和的心，少生气，少发牢骚。

喜欢发牢骚的人心态往往难以平和，因为他们总是对自己周遭的人或物存在不满，整天活在愤懑中。情绪是可以被感染的，一个整天愤懑的人，别人在他身边也会感觉压抑和不快，所以人们一般都对这样的人敬而远之，他们又怎么能有好人缘和好机会呢？

喜欢发牢骚的人心态往往难以平和，因为他们总是对自己周遭的人或物存在不满，整天活在愤懑中。

FBI 接手了一个奇怪的案子。某大学组织学校的教授集体出游，但是在出游的过程中，一个名叫里维斯的教授却离奇地跌下了悬崖身亡。大学方面声称，里维斯是自己不慎跌落悬崖的。但是里维斯的家人却坚称，里维斯是被人推下去的。

这是个非常简单的案子，所以 FBI 很快就查清了真相。原来，他们在一个风景区照相，为了拍摄眼前的美景，另一名教授与妻子早上 5 点就到景区 3 号观景台占位子。不久，里维斯也看中了 3 号观景台这个位子，遂将相机三脚架放在人家占好的位子前面，两人发生争吵。随后，里维斯在推搡中不幸坠崖身亡。由于这件事情对学校的声誉不利，所以学校才坚称里维斯是自己不慎跌落山崖的。

在这个故事中，之所以会因为一件小事就发生悲剧，就是因为他们都太容易生气了。一个人一旦生气，冲动就会打败理智，藏心就成为了一句空话。

人总会遇到所谓的“不平事”，很多时候你觉得自己没有错，感觉很委屈，因而内心无法平静，处处与人争辩，想“讨个说法”。一个满腹牢骚、喋喋不休的你，非常容易成为别人眼中的“病毒携带者”，对你敬而远之。

其实，与其怨天怨地、心怀不平，不如沉下心来，思考一下事情具体的处理方法。只有这样，才是理智有效的应对方法。

FBI 特工的工作是以严谨和认真著称的，但是在个别的时候，也经常会闹出一些笑话。

有一次，特工在乔装打扮后把两个大盗骗到了他们的住所里。这两个大盗准备把偷来的 100 万美元政府债券卖掉，但是要求对方必须先要 75000 美元作为第一批款项。于是乔装的 FBI 特工请这两个大盗到他们所居住的旅馆，其实在这之前，他们就在旅馆的房间里预先埋伏了 4 个 FBI 特工，准备当场逮捕大盗。

这4个FBI特工都躲在旅馆房间的衣柜里。这些衣柜都是用木头做的，做工相当考究，而且关得又牢又密，里面几乎是密不透风。当这两个大盗进入旅馆的房间之后，他们用了很长的时间来观察两个FBI特工装扮成的买家是否可疑，而且要先看到现款，他们才会把自己偷来的政府债券拿出来。

于是大盗们和FBI扮成的买家一边吃东西，一边谈判，这个讨价还价的过程几乎持续了4个小时。这对于躲在衣柜里的4个FBI特工实在是一种苦刑，因为衣柜里太热了。

当初他们约定只要大盗把债券一拿出来，躲在衣柜里的FBI特工就可以冲出来当场把大盗捕获，但是大盗迟迟不肯拿出债券。等到最后大盗终于上当，4人从衣柜里冲出来的时候，第一个人已经热得晕倒了，连手里的枪都拿不住而掉到了地上，其余3个人则脱得几乎一丝不挂。

虽然场面十分可笑，但FBI特工们还是成功地完成了任务，把这两个大盗当场捕获了，并且还搜到了他们以前偷到的债券，数目总共达600万美元之多。

案例中的FBI特工，如果因为自己的处境非常糟糕就大发雷霆，冲出去的话，他们就不可能很好地完成自己的任务。

人生不如意事常八九，成败之间仅有一纸之隔。面对不如意的事情，我们必须摒弃头脑中的惯性思维，不要把人生的大好时光消耗在怨天尤人的情绪当中。如果你热爱自己的生活，首先就要学会正确的引导自己的情绪，摒除心里爱发牢骚的杂草，专心致志的投入，只有这样才能获得成功。

淡定从容才是藏心根本

淡定，是一种思想境界，是一种心态，是生活的一种状态，是“藏心术”修炼到一定程度所呈现出来的那种从容、优雅的感觉。只要拥有这种心态，我们在生活中无论遇到什么情况都会处之泰然，宠辱不惊，不会太过兴奋而忘乎所以，也不是太过悲伤而痛不欲生，更不会因眼前的不快而大发雷霆。因此，淡定是藏心的一个好渠道。

古人讲：不以物喜不以己悲，其实就是一种淡定的态度。每个人的生命存在方式都是不同的，你只能以自己的方式为人，以自己的方式处世。

在这个世界中，我们会遇到许多不如己所愿的事情，最好的应对就是淡定。记住：淡定是一个人的美德，淡定的胸怀能包容一切。在生活中多几分淡定，便会多几分泰然。

比如说，在拥挤的公交车上，有人踩了你一脚，这时你的反应是什么样子的呢？是淡然地说一句“没关系”？还是火冒三丈，把对方大骂臭骂一顿呢？

此时你的处境我们可以理解，车挤，开得慢，对于着急上班的人来说本来就有说不出的窝火，再加上脚上火辣辣的疼，能不火大吗？可是争吵又有什么用？它只能把你的烦躁发泄传染给别人，别人也会变得更加烦躁，结果两人大打出手，恶语伤人。本来一件小事，造成这样的后果，即使你能在与别人的口角中占到便宜，你还是输了风度。相反，假如此时你拥有淡定的情绪，你就能够为彼此着想，化干戈为玉帛。

当然，淡定并不是说要让一个人“全无感情”，无喜无悲那是有道高僧所追求的境界。对于我们来讲，淡定就是要让自己在面对事情的时候能够冷静地去权衡利害关系，而不是被自己的负面情绪完全主宰了自己的行为。

如果你能多淡定些，肯定就会少做许多让你后悔的事情，那么你从苦恼中解脱出来的时间就能减少一些，受的伤害就会少一些。网络上不是有句名言嘛，“看得开一点，伤就少一点”。这里的“看得开”，指的就是淡定！

对于我们来讲，淡定就是要让自己在面对事情的时候能够冷静地去权衡利害关系，而不是被自己的负面情绪完全主宰了自己的行为。

有一位FBI特工因得罪领导而被调到离家较远的郊区工作。此时他已年过半百，每天还得骑两小时自行车才能到单位，身体很是吃不消。

开始时，他对领导的这一决定很是不满，逆反心理极重，总是去总部要求换个离家近点的单位。此时他感觉这个世界太不公平了，没有地方可以让他说理去。可是由于得罪了领导，他调回总部的想法只能是泡影了。

怎么办呢？难道就一直这样逆反下去吗？他问自己该怎么办，摆在他面前的只有两条路，要么辞职，要么适应。但是，他的家庭情况并不乐观，老伴的身体越来越不好，家里很需要钱，怎么办？最后，他选择了主动去接受，他对自己说，既然选择不了，那就接受好了，他看开了。

之后，他每天都带着愉快的心情早起上班，路上他尽情地呼吸着清新空气，欣赏着田园风光，聆听着鸟儿的鸣叫。这样，他脚下的这段路程显得也不再那么漫长了，他的心情也不那么糟糕了，反而感到十分愉快，到单位后精神抖擞地投入到工作之中。一年后，由于他的表现出色，被提前调回总部，而且升官提薪。

此事让他深有体会，感慨万千。让他最深有体会的就是凡事都要看开，这里的看开指的就是“淡定”二字。

从此，他经常告诉他的下属，无论何时都要保持淡定，只有淡定才能让自己平静，也只有静下来才有思考的空间，才能正视现实，并从中发现事情有利的一面，才能成功地走出消极逆反的恶性情绪的旋涡，找到快乐的一面。

但是，我们一定要搞清楚一个事情，淡定并不是让你消极被动，而是让我们对待困难与逆境时保持一颗冷静乐观的心。

对于生活中的一些事，我们是不能不认真对待，据理力争的。对生活中的某些人，我们也不能不闻不问，任其肆无忌惮，那不叫淡定，那叫冷血无情。假如我们在面对种种不幸时，能够从容地一笑置之，这样你就做到了淡定。

这并不是叫我们去学会自欺欺人，而是自我调整和对环境的主动适应。你要相信，生活中发生的一切都是生活的一部分。是你的早晚是你的，失去了还会再来；本属于你的东西，决不会与你交臂而过；不是你的，早晚会失去，再挽留也无济于事。有了这种泰然自若的心态，学会说“看开”，你就会觉得生活中增加的不是苦恼，而是欢乐，这时的你才真的懂得了淡定的意义。

多原谅，少生气

在很多时候，我们之所以生气，是因为我们总是对别人的错误耿耿于怀，我们因为别人的错误而生气。

当然，在很多时候，我们也许会装出大度的样子，说：“我能原谅你，但我却无法忘掉。”但事实上，这句话只不过暴露了内心的不原谅，你心中的计较依旧会折磨你的心。你如果不去原谅，就永远藏不住你的内心，更藏不住你的怒火。

真正的、诚恳的、彻底的原谅，是医治一切内心不快的良药。而那些虚假的原谅，则像是一个人在给自己做整容手术，虽然戴上了一张“假面”，但是心中的愤怒却始终暴露在人们面前。

那些虚假的原谅，就像是戴上了一张“假面”，仍然会将心中的愤怒暴露在人们面前。

关于原谅，我们存在许多误区，而原谅的治疗价值之所以没有得到众人的公认，原因之一就是很少有人尝试真正的原谅。许多人说，我原谅了别人给我的不公平待遇。事实上，当这些人心中还想着“不公平”的时候，他就没有做到真正的原谅。

更多人则把原谅当作是一种体现自己宽容的手段，或者作为一种战胜对手的方法。这种思想在许多油腔滑调的短语中体现出来，例如，有些人喜欢说：“好吧，我原谅你的无知。”你觉得这是真正的原谅吗?显然不是，因为你的话中还有明显的愤怒，只不过是夹杂了一些调侃但具有杀伤力的话罢了。

具有真正疗效的原谅会将对方的“劣迹”切除、根除或剔除，就像它从来没有发生一样。只有这种原谅，才有手术刀的效果。

FBI 特工积臣在10 年前抓捕一个逃犯时，被穷凶极恶的逃犯打瞎了一只眼睛。而那个逃犯，也最终被他擒获。

10 年之后，积臣再次遇到了当初的那个逃犯。逃犯也认出了眼前的这个人，就是当年将自己抓捕归案的人。

逃犯虽然对积臣充满了怨恨，但是一想到当年自己曾经打瞎了他的眼睛，心理反而有些“安慰”，心想：“我虽然被关了整整10 年，但是他也瞎了一只眼睛，恐怕这10 年的日子也不好过。”

可是令逃犯感到“愤怒”的是，积臣的状态居然很好，他依旧快乐地生活着。

敌人的快乐就是自己的痛苦，逃犯心里有些不舒服了。他恶狠狠地问积臣：“你知道，你让我蹲了10 年大牢。10 年里，我都生活在愤怒之中。而你这个可恶的瞎子，居然还笑的出来。你忘了，你的眼睛是我打瞎的，现在我就在你面前，你应该感到愤怒才对。”

积臣笑了一下说：“我快乐，是因为我早原谅了你。而你生活在愤怒中，就是因为你不懂得原谅，只会怨恨。

这个故事告诉我们，如果一个人不懂得原谅，那么他的生活就是可悲的。只有学会原谅的人，才能克制自己的愤怒。

其实，想让原谅来拯救你的心并不难。唯一困难的就是你一定要有放弃或解除谴责感而毫无保留的愿望。

我们发现原谅难的原因只有一个，就是我们太过于喜欢谴责别人的感觉。我们从护理自己的伤口中，会得到一种反常的、病态的快乐。只要有机会谴责别人，我们就会觉得自己被谴责的对象要强一些。谁都承认，这是一种病态的满足感。

在发自内心的原谅中，我们将别人所“欠”的债一笔勾销，这并不是因为我们突然变得“大方”起来，因为施人以恩惠或者从道德上讲是个超人。我们之所以决定取消“债务”、给它贴上“无效”的标签，也不是因为别人已经还清了欠我们的一切，而是由于我们开始认识到这笔债本身就不合法。只有当我们能够发现（并从情感上接受）自己现在和过去都没有什么可以原谅的时候，这种谅解才有治疗效果。这就是原谅别人的妙处。

事实上，我们不仅要原谅别人，也要原谅自己。给我们带来创伤不仅仅只有别人，也包括我们自己。

当我们用自责、懊悔、遗憾来折磨自己时，当我们用自我怀疑来压制自己的内心时，当我们用过分的愧疚让自己懊恼不已时，我们其实都没有原谅自己。

从情绪上讲，懊悔和遗憾是指回到过去的生活当中。过分愧疚是指我们希望把过去做错或自认为做错的事再做正确。

当情绪帮助我们对眼前的现实环境作出正确回应或反应时，我们才算正确而恰当地运用了它。但是，如果愧疚之情到了一种失去控制的地步，其实也会对我们造成伤害。

我们活在当下，却总是被过往纠缠。从前所做的错事、坏事，我们为之悔恨。从前的成功、荣誉，我们念念不忘。沉沦在往事里，就容易对当下的处境产生不满。所以，我们过得并不快乐。

过去不是没有意义，它让我们拥有了更多的生命体验和生活经验。我们可以回首往事，从中吸取经验教训，用以指导自己当下的生活。但是，决不能被往昔的种种情绪所困扰、纠缠。因为在当下，还有很美好的生活等着我们去感受、去创造。

凯斯西储大学曾对“愧疚”这个问题进行过研究，研究报告发表在《读者文摘》上。研究发现，普通人每天要花两个小时用于愧疚！对于这些人而言，“昨天”就像是一个笼子，它禁锢了人们对于当下生活的渴望和体验。总是沉迷于昨天，就永远不会有现在。人生不可逆转，过一天就会少一天。我们追求的是幸福和快乐，背负着过去的痛苦走完一生真的不值得。事情是过去的事情，痛苦是过去的痛苦，一切后悔和叹息都无济于事，拿过去的痛苦来折磨自己是悲哀的，也是没有意义的。

如果你不能用宽容和豁达的眼光，去看待自己的人生，就无法用乐观的眼光看待未来。

怨恨别人不如反思自己

我们之所以会因为失败和挫折而生气，会因为别人对我们的评价而恼火，其实很大程度上是因为我们没有认真的反思过自己。一个人若是不懂反思自己，就难以对自己做出客观的评价，因而会对一些外界的影响表现出相当敏感的心态。这显然不得藏心的要旨。

反思自己的过程可能会非常艰苦，但是如果你能够通过自我认识提高自己，就会离成功越来越近。

有一个人，23 岁的时候被人陷害，锒铛入狱，在监狱里整整被关了 9 年。后来冤案告破，他重新获得了自由。

虽然过去的苦痛经历结束了，自由重新降临到他的生活中，但是他的阴霾生活显然还没有结束。他开始了无休止的抱怨和控诉："我真不幸，在最年轻有为的时候遭受冤屈，在监狱里度过本应最美好的时光。如果没有人陷害我，我怎么会是今天这副样子？我一定有更好的生活，一定有了自己的家庭，可是现在，我什么都没有！这该死的世界，为什么要这样对我！"

抱怨像一条毒蛇，将他的一生用阴冷冰凉的躯体缠绕。

73 岁那年，在贫困交加中，他终于卧床不起。弥留之际，牧师来到他的床边："可怜的孩子，去天堂之前，忏悔你在人世间的一切罪恶吧！"

到了这个时候，病床上的他依然对往事耿耿于怀："我没有什么需要忏悔，我需要的是诅咒，诅咒那些施于我不幸命运的人。"

牧师问："你被陷害之后在牢房里待了几年？"

"9 年啊，9 年！我的大好时光就这么白白浪费在牢笼里了！"这人呼喊着。

牧师叹了一口气，说："别人把你关了 9 年，可是你却把自己关了 40 年啊！"

这个人因为暂时的挫折，陷入到对生活无休止的怨恨中，最终酿成了悲剧。

在漫长的人生历程中，必须要正确地认识自己。把自己估计过高，会脱离现实，守着幻想度日，怨天尤人、怀才不遇，结果是小事不愿做，大事做不来，终究一事无成；把自己看得过低，会产生强烈的自卑感，导致自暴自弃，明明能干得很好的事，也怯于尝试，结果错过很多机会，落得抱怨终生的后果。

在漫长的人生历程中，必须要正确地认识自己。把自己估计过高，或把自己看得过低，都不是正确的做法。

FBI 特工吉姆在向俄克拉荷马一所监狱的服刑人员发表完演讲之后，说过这样的话：

“我离开时认识到：在这里，我与抢劫犯、杀人犯、犯下可怕错误（有些犯人甚至反复犯同样的大错）的人为伍。然而，他们当中多数人却不像外界的人那样经常责备或惩罚自己，更不用说人一生中的严重失足有99%都是由诚实的、道德的行为组成。入狱的犯人找律师、争取自己在狱中的权利，这都很常见，而许多优秀公民却仅仅通过过度的自我批评和自我惩罚，剥夺自己不可让渡的、追求幸福的基本权利。

“当我们驾车驶过监狱巨大的混凝土高墙、一层层带刺铁丝网以及塔楼荷枪实弹的警卫人员时，我禁不住想：许多人建造了比这些更加森严可怕的心灵监狱，然后将自己锁入其中，而这一切都是因为过去的‘罪孽’。我对罪孽一说不是特别相信，但是，如果真有罪孽，那是指人们在用自己宝贵的光阴，为过去犯下的错误而惩处自己，也只有人才会犯下这样的错。”

为什么罪犯是最为可悲的人，就是因为他们不懂得反思自己。只有能正确认识自己的人，面对成功不忘乎所以，遇到挫折不灰心丧气，这样才能在人生奋进的道路中，不自夸，不沉浮，以一颗饱满的心去迎接更大的挑战。

认识自我并非是一件容易的事，人往往会陷入自我迷失之中。我们经常会受到他人的影响和暗示，把他人的言行作为自己行动的参照，从而丢失了自己。另外，大多数人很少能够去主动审视自己，很少去反省自己，更不会把自己放在局外人的地位来观察自己。

正因为如此，我们很容易就弄不清楚自己究竟是谁，关键是我们已经明示，而自己尚不自知。

跳出自我迷失最好的办法就是定期的用冷眼旁观的态度去审视自己。古诗言：“不识庐山真面目，只缘身在此山中”，认识自己首先要跳出“庐山”，以旁观者的眼光分析、审视自己。功过是非，不夸大，不缩小，避免主观、片面，实事求是地看待自己。这样才能克服不足、推动进步，以期不断成熟、不断更新。

认识自己当然不是我们最终的目的，它只是通向成功的一个环节。我们认识自己之后，最重要的就是给自己一个定位，把自己放在合适的位置，这样才能达到目的——最终取得人生的成功。

沉默的力量

人一生气，总是显得咋咋忽忽，用最高的嗓门说话，恨不得全世界都听到自己的声音。对于一个真正的藏心高手而言，言多必失是他们遵循的首要法则。他们即便是在生气的时候，也懂得用沉默的力量来帮助自己藏心。

沉默是一种无形的力量，它不是一味地不说话，而是一种成竹在胸、沉着冷静的品质，它能够在神态和气势上压倒对方。

沉默是一种无形的力量，它不是一味地不说话，而是一种成竹在胸、沉着冷静的品质，它能够在神态和气势上压倒对方。恰当地运用沉默，往往令对方招架不住，自乱阵脚，从而露出庐山真面目。厚黑学主张，上帝给了我们一张嘴两个耳朵，目的就是让我们明白耳朵的作用比嘴巴大，听比说更为重要。在特定的场合中，少说乃至不说、保持沉默，常常比喋喋不休地论理更有说服力。

沉默是一种无声的语言，中国有一句古话叫做："于无声处听惊雷。"有时候，沉默可以变得很犀利。我们大都会经历这样的场景：你在和别人讨论、争执，当别人感到乏味时，会不理会你的语言，拿起桌上的报纸或其他什么，随便翻阅起来，以此作为回应。但恰恰是这种沉默式的回击，往往会让你感到十分难受。

这就是沉默的"犀利"之处。不要试图借助言语驱使他人做你希望的事，他们只会因为你的怪僻而反对你，毁灭你的愿望。在人生绝大部分的领域内，你说得越少，就越显得神秘。当你学会闭上嘴巴的时候，实际上更有机会拥有权力。

沉默为什么会有如此大的威力？因为一旦一个人保持沉默，就等于隐藏了自己的真实意图，让别人更难以琢磨，更恐惧。

沉默会给人造成很大的心理压力，人生性都是排斥沉默的，它会让人感到没有依靠，因而沉不住气。另外，沉默还可以引起对方的注意，使对方产生迫切想了解你的念头，因为沉默有种"神秘"的意味。

话多不如话少，话少不如话好。多言的人往往是浮躁的，因为口头上慷慨的人行动总是吝啬的。在适当的时候，保持沉默，你的力量大过于千军万马。正如英国19世纪政治家德斐尔教导他的儿子那样："要比别人聪明，但不要告诉人家你比他更聪明。"

事实上，单单是沉默并不能让自己变得强大。更重要的是，一个人要在懂得不动嘴的时候悄悄的"动手"。

行动是一个敢于改变自我、拯救自我的标志，是一个人能力有多大的证明。所有的空想，所有的宣言，如果没有行动作为延续，就都是虚无缥缈的，因为没有任何实际的东西。就像美国著名成功学大师杰弗逊说得那样：“一次行动足以显示一个人的弱点和优点是什么，能够及时提醒此人找到人生的突破口。”

毫无疑问，那些成大事者都是勤于行动和巧妙行动的大师，他们都是用行动来证明自己的价值。

FBI 特工有一个做事的法则——少说多做。确实，对于整天生活在危险中的他们而言，这是一个生存下去的法则。

FBI 资深特工说：“行动的最好方法，就是要马上去做，立刻去做，不论从哪个角度看，这都是一句真理。也许你早已经为自己的未来勾画了一个美好的蓝图，但是它同时也给你带来烦恼，你感到自己迟迟不能将计划付诸实施，你总是在寻找更好的机会，或者常常对自己说：留着明天再做。这些做法将极大地影响你的做事效率。要获得成功，必须立刻开始行动。任何一个伟大的计划，如果不去行动，就像只有设计图纸而没有盖起来的房子一样，只能是一个空中楼阁。”

看看那些成功的人，他们往往都是实干家。有了想法，就马上制定行动的计划，然后开始实践。他们从来都不是终日幻想着会有什么样的结果，也从不担心失败了会如何，更不会向外人宣扬自己即将开展一个伟大的计划。

他们知道，任何东西都无法替代脚踏实地的行动。有了积极的行动，自然会有好的结果；有了积极的行动，就能够克服万难直至成功；有了积极的行动，任何人都会看得到自己的努力和付出，自然会产生信服感。行动，就是最好的证明。

据说，在美国一个小城的广场上，树立了一个老人的铜像。他既不是什么名人，也没有任何辉煌的业绩和惊人的举动，只是该城一个餐馆端菜送水的普通服务员。但他对客人无微不至的服务，令人们永生难忘。他是一个聋哑人，他一生从没有说过一句表白的话，也没有听过一句赞美之辞，他只能凭“行动”二字，使平凡的人生永垂不朽！这就是沉默和行动相结合的巨大威力。

正如哲学家狄奥佛拉斯塔所说：一个人在交际场合中一言不发，那么这个人不是傻瓜便是强者。傻瓜是因为不会说话而沉默，强者则是因为不会犯言多必失的错误所以沉默。

学会克制自己的怒火

柏拉图说：“稍忍须臾是压制恼怒的最好办法。”一个能屈能伸的人，不会因为一时的激愤而忘记了忍耐，那样只会让自己更加被动。

实际上，所谓忍让，就是让时间、让事实来证明自己的一种方法。归根结底，看起来是退步的忍让是一种变相的争取，因为只有这样才能够摆脱相互之间没有原则的纠缠和没有必要的争吵。

在非洲的戈壁滩上，有种小花叫做依米。这种花需要忍耐6年的漫长岁月才能开一次花，而花期却只有两天。两天过后，这种花便迅速枯萎了。

由于气候干旱，土地贫瘠，更何况这种小花只有一条根吸收水分。在6年时间里，炎炎烈日烧灼它，漫天风沙肆虐它，然而依米小花毫不气馁，在默默等待，默默生长。它知道，总有一天，根须深入到一定程度自己就会绽放绚丽的花朵。

依米花用生命的轨迹向我们昭示，只有忍耐，才能美丽，只有忍耐才终有成就。

忍让并不意味着懦弱可欺，相反，有忍让之心的人往往更具备自信和坚韧的品格。古人所说的“忍”字，至少包括了两个方面的德行：

其一是坚韧、顽强。晋朝朱伺说："两敌相对，唯当忍之；彼不能忍，我能忍，是以胜耳。"这里的忍，也就是顽强精神的一种体现。第二种就是懂得克制自己。《荀子·儒效》："志忍私，然后能公；行忍惰性，然后能修。"

"小不忍则乱大谋"，这句话没错。"负荆请罪"的故事被传为千古美谈：蔺相如身为上卿，位高权重，却不与廉颇计较，处处礼让，何以如此？为国家社稷也。将相和，则全国团结；国无嫌隙，则敌必不敢乘。蔺相如的忍让，正是为了国家安定之"大谋"。忍让是一种眼光和度量，可以克己忍让的人，是雄才大略的表现。

古人曾云：忍为众妙之门。事实上，对于人生中的许多不幸和灾难而言，忍是唯一的办法。"唯有埋头，乃能出头。"人生就好像一粒种子，你要它长大，就必须忍受在黑暗泥土中挣扎的这个过程。不肯忍受埋藏的苦闷的话，暴露在空气中短时期之后，就永远失去了孕育新生的机会。

一个人想要有忍耐力，就要清楚地知道自己到底想要什么，到底渴望什么。这是开发忍耐力最重要的钥匙。没有明确的目标就像大海里的一片树叶，随波逐流，永远也达不到彼岸。

那些成功的人之所以能成功，并不是他们有与生俱来的天分，而是因为他们有志气，更重要的是能够调整自己的心态，在沉稳中磨练身心。无论何时，遇到怎样的困难，成功者都能为了实现某种目标而采取"磨"的手段，他们具备超凡的忍耐力，总能坦然面对生活中的各种磨难，从而最终走出困境。

有一天，歌德到公园里去散步，迎面走来了一个批评家。这个批评家对歌德的作品很不以为然，今天在公园偶然相遇，他很想给歌德一个下马威。当时，这个批评家站在歌德面前，高声说："我从来不给傻子让路！"

面对对方的咄咄逼人，歌德却没有生气，反而给对方让开了一条路，说：“而我正相反！”

无论遇到怎样的困难，成功者总能坦然面对，从而最终走出困境。

歌德的幽默和忍让，避免了一场无谓的争吵，同时也避免了自己可能会产生的负面情绪。从某种意义上说，他既为自己摆脱了尴尬、难堪的局面，顺势下台，同时又显示出自己的心胸和气量。这就是理性容忍的力量。

理性的克制对一个追求成功的人来说，并不是一种束缚，而是一种强韧的护身甲，虽然披挂上它难免有些负担，但是它能让你不被伤害。一个人越想受到尊重，越要注意克制自己的日常言行。

理性的人办事沉稳谨慎，环环相扣，思维严密，效率明显，成绩斐然，深得别人的器重和赞美，能活出自己精彩的人生。

感性做人，理性做事，相信你能迸发出最为强大的力量，在这个纷繁复杂的环境中活出自己的个性来，在这个充满竞争的环境中快快乐乐、健健康康地成长、生存、发展，打造出自己的成功人生！